Tirso de Molina

Los balcones de Madrid I

Barcelona **2024**
Linkgua-ediciones.com

Créditos

Título original: Los balcones de Madrid I.

© 2024, Red ediciones S.L.

e-mail: info@Linkgua-ediciones.com

Diseño de cubierta: Michel Mallard

ISBN tapa dura: 978-84-9953-849-5.
ISBN rústica: 978-84-9816-526-5.
ISBN ebook: 978-84-9953-782-5.

Sumario

Brevísima presentación

La vida

Tirso de Molina (Madrid, 1583-Almazán, Soria, 1648). España.

Se dice que era hijo bastardo del duque de Osuna, pero otros lo niegan. Se sabe poco de su vida hasta su ingreso como novicio en la Orden mercedaria, en 1600, y su profesión al año siguiente en Guadalajara. Parece que había escrito comedias y por entonces viajó por Galicia y Portugal. En 1614 sufrió su primer destierro de la corte por sus sátiras contra la nobleza. Dos años más tarde fue enviado a la Hispaniola (actual República Dominicana) y regresó en 1618. Su vocación artística y su actitud contraria a los cenáculos culteranos no facilitó sus relaciones con las autoridades. En 1625, el Concejo de Castilla lo amonestó por escribir comedias y le prohibió volver a hacerlo bajo amenaza de excomunión. Desde entonces solo escribió tres nuevas piezas y consagró el resto de su vida a las tareas de la orden.

Personajes

El conde, don Carlos
Don Juan, galán
Don Alonso, viejo
Don Pedro, galán
Don Álvaro, viejo, amigo de don Alonso
Coral, gracioso criado de don Juan
Doña Ana, prima de Elisa
Doña Elisa, hija de don Alonso
Leonor, criada de doña Elisa

Jornada primera

(Salen Leonor con manto y doña Ana sin él.)

Ana   ¿Eso viste? ¡Que eso pasa!

Leonor   Ésta es la pura verdad
en fe de la voluntad
que, después de mi casa
    eres vecina te debo.
Reconocimientos labras
ya en obras y ya en palabras,
tantos en mí que me atrevo
    a revelarte secretos
que mi señora me fía.

Ana   Querrá el Amor algún día
que con mayores efetos
    me desempeñe. Leonor,
sé entretanto mi acreedora.
En efeto, ¿tu señora
tiene a mi don Juan amor?
    En efeto, ¿sus engaños
me pretenden usurpar
la acción que puede alegar
quien ha que le ama dos años?

Leonor   En esa parte podré
disculpar a mi señora
justamente. Pues, si ignora
tus desvelos y no fue
    como amiga consultada
de tus cuidados por ti,
¿en qué te ofende?

Ana   Salí,
Leonor, cierta y desdichada
  en mis sospechas. Mudó
don Juan voluntad y afetos
y, mudándolos, sujetos
de su esperanza dejó
  quejas que buscan venganza
contra quien no ha delinquido.
¿Podrá ser que de su olvido
tome mi agravio venganza?
  Pared en medio tenemos
las casas donde habitamos.
Por primas nos visitamos;
como amigas nos queremos;
  mas, pues celosa examino
ofensas que Amor me avisa,
desde hoy más recele Elisa
las obras de un mal vecino.
  Fiscalizarán mis penas
acciones que la dan alas
murmurando de las malas,
maliciando de las buenas.
  Tomaré satisfacción
del agravio que me adviertes;
pero en efecto, ¿en las suertes
que echa la superstición
  esta noche, salió Elisa
con don Juan?

Leonor   Y tú también
con don Pedro.

Ana   En su desdén.

De sus mudanzas me avisa,
   que es don Pedro pretendiente
de tu señora, anterior
en frecuencias y en favor,
ya olvidado por ausente.

Leonor
   Si has de prevenirte en esto,
con mi advertencia prosigo:
envió Elisa conmigo
un papel en que echó el resto
   de finezas...

Ana
    No seguras.
...y dentro dél encajó
la suerte que les tocó.
No te diré las locuras
   que con el epigrama hizo,
con la suerte y el papel;
diversas veces en él
puso, y no se satisfizo,
   los labios. Dióme esta joya.
Prometió sacarme un manto.
Si su olvido sientes tanto,
Sinón soy, Elisa es Troya,
   procura tú ser Ulises.
Engaños a Elisa venzan,
y mientras estos comienzan,
adiós, hasta que me avises.

(Vase Leonor.)

Ana
   No tienen otro caudal
los agravios y los celos
sino ardides. Prevendrélos

contra un hombre desleal.
　Guerra es amor competido;
engaños usa también.
Celos industrias me den
pues que no me dan olvido.
　Busquen mis solicitudes
castigos para traiciones,
enredos para ficciones,
trazas para ingratitudes,
　para su engaño desvelos;
para mis venganzas modo.
Pero ya lo he hallado todo
pues soy mujer y con celos.

(Vase doña Ana. Salen como de noche el Conde y don Juan.)

Conde　　　　　　¡Templada noche!

Juan　　　　　　　Muere
en ella el año, y cuando expira, quiere
obligarnos su blanda despedida;
que el huésped bienhechor tarde se olvida.

Conde　　　　　No sé yo que pudiera
competirla la mansa primavera.
¡Qué clara! ¡Qué agradable!

Juan　　　　　A mis venturas favorece afable.
¡Ay, Conde y señor mío!
Si Amor rapaz es todo desvarío,
y como niño estima
juguetes con que más su fuego anima,
un favor, un juguete,
fortunas esta noche me promete

que estorben mi tristeza
si del modo que acaba el año, empieza.

Conde   Agravio me habéis hecho,
don Juan, cuando os presumo satisfecho
de la amistad que os fío,
con el nombre de «Conde y señor mío».
Dejad títulos graves
que los de la amistad son más suaves;
pues siendo vos mi amigo,
éste es, solo, el blasón a que os obligo.
Aunque tan recatado
hallo de mi amistad vuestro cuidado,
y en él tan poco os debo
que llamaros amigo no me atrevo.

Juan   Creed que si fiárosle rehuso,
no es por dudar de vos; mas porque el uso,
que yo frecuento poco,
no ha de juzgarme amante sino loco.
Y, porque viváis cierto
de que por esto el alma os he encubierto,
aunque desacredite
con vos mi seso y vuestra risa incite,
oíd filosofías
de un peregrino amor que ha muchos días
que siéndole obediente
en mí es naturaleza, no accidente;
pero con presupuesto
que no ha de seros, Conde, manifiesto
el nombre de la dama
que me ha juramentado, y de mi llama
tanto el secreto estima,
que hasta en los ojos su silencio intima.

Conde	Con peligrosa usura
	os empeña, don Juan, esa hermosura.
	Decid, que yo os prometo
	que por mí no peligre ese secreto.
Juan	Yo, amigo Conde, adoro
	la perla más que al nácar, más que al oro;
	al diamante que engasta
	la forma, más que a su materia. ¡Basta!
	Quiero decir con esto
	que adoro a un alma con amor honesto,
	tan libre de apetito,
	que aun el pensarlo juzgo por delito.
Conde	Las gracias de un valiente entendimiento
	enamoran tal vez el pensamiento;
	y si él solo os recrea,
	la dama debe ser, don Juan, tan fea
	que el apetito os tasa
	y amando al dueño perdonáis la casa.
	¿De qué os sirven los ojos
	si estímulo no son de sus despojos?
	¿Tenéisla por hermosa?
Juan	Llamen reina de flores a la rosa,
	a Apolo las estrellas,
	que ésta es la rosa y Sol de todas ellas.
	Blasone golfos de oro
	la ninfa de Agenor que sobre el toro
	nombró a Europa por ellos.
	Diga la antigüedad que en los cabellos
	de Elena y de Lucrecia
	Arabias peinó Italia, Ofires Grecia.

Frecuente agora el uso
sutilizando el ébano difuso
aunque el francés lo tache,
cubra España sus sienes de azabache;
que mi amorosa prenda
ni el oro es bien que su cabeza ofenda,
ni el ébano, que en hilos
de nuestra patria abona los estilos.
Pues haciendo amistades
estas dos encontradas cualidades,
ni el Sol podrá dar quejas
de que su luz no mira en sus madejas,
ni de ellas forma injurias
el azabache natural de Asturias,
pues de estos dos extremos,
el medio hermoso dilatado vemos.
Tan cándida la frente
espaciosa, venusta, transparente,
que en su alabastro puro,
por lo exterior al centro conjetura,
habitación hermosa
del alma que organiza y, ingeniosa,
asombra entendimientos,
oficina de tales pensamientos.
Dos arcos la rematan,
y entrambos semiesferas se dilatan
sobre los ojos bellos
que, en fe de los que matan,
triunfante siempre, el niño Dios en ellos
quiso con muestras reales
coronarlos también de arcos triunfales.
Yo sé que si los vieras,
para vivir mil veces mil murieras,
porque con dulces ceños

al paso que son graves son risueños.
Desde ellos se origina
un trozo de alabastro que termina
las dos mejillas bellas,
sutil la proporción, en medio de ellas.
Y allí el jazmín nevado y clavellina,
casados sus colores,
auroras son del Sol. ¡Si fueran flores
los labios encendidos!
Dos arcos pueden ser de dos Cupidos,
y aunque purpúreo el fuego,
la risa abrasa en ellos al sosiego.
Alcaides son de nieve,
en nácares menudos que Amor bebe
y en listas condensada,
perlas los juzga el alma que abrasada
se asombra suspensiva
de que la nieve junto al fuego viva.
Yo he visto en su garganta
tanto marfil con alma, plata tanta,
que en su comparación es etiopisa
la que en Moncayo eterna no se pisa.
Y está en sus manos bellas,
cuyos dedos eclipsan las estrellas,
que en oro las coronan,
tanto puro candor, blancas blasonan,
que apenas de mi amor podrán las penas
juzgar si manos son o si azucenas.
Su talle tan honesto
tan airoso, bizarro, y tan dispuesto,
que solamente el uso
no la necesidad corchos le puso.
Ves, Conde, este retrato
de la hermosura, celestial ornato,

pues con ser como pinto,
mi amor del ordinario es tan distinto,
que puesto que los ojos
se deleitan tal vez en sus despojos
sin detenerse en ellos,
viriles solo son viendo por ellos
al huésped que en tal casa
mi voluntad honestamente abrasa.
¿No has visto en los antojos
que con ser de cristal nunca los ojos
en ellos se detienen,
sino que por su medio a alcanzar vienen
el objeto que intentan
aunque hermosos la vista no violentan?
Carlos, ¿nunca sediento
te sirvió el vidrio puro de instrumento
en que el agua sabrosa
te brindaba la sed apetitosa?
¿Hiciste entonces caso
del encarnado búcaro del vaso,
puesto que cristalino
mereció estimación por peregrino?
Deleitóle sin duda más de paso
porque solo tu fuego
pretendía en el agua tu sosiego.
Pues yo del mismo modo
tomo en el agua en que se cifra el todo
de mi amada belleza
y no paro por el fruto en la corteza.

Conde   Bien dicen que es locura
amor; que en cada cual mostrar procura
el modo en que se extrema.
Mas, don Juan, cada loco con su tema.

Yo estoy también perdido
por cierta dama de quien habéis sido
tan acertado Apeles
que juzgo que cohechó vuestros pinceles,
porque es, don Juan, la propia
de quien me tiene loco vuestra copia;
puesto que estoy sujeto
no al abstracto cual vos, sino al concreto.

Juan   ¿Qué? ¿Vos sois, Conde, amante
de hermosura a la mía semejante?

Conde   Sirvo con tierno trato
una belleza de quien es retrato
la discreción que hicisteis,
de suerte que sospecho que quisisteis
darme con ella celos
si no es que Amor duplica paralelos.

Juan   ¿Y sois correspondido?

Conde   Recíproco favor han conseguido
mis dichas hasta agora,
puesto que honestamente me enamora.

Juan   ¿Vive cerca?

Conde   Hasta en eso
se logran coyunturas que intereso.
Bien cerca de aquí habita.

Juan   Conde, si como a mí no os necesita
la fe del no nombrarla,
fiadme su noticia.

Conde	Fuera darla
	ocasión de perderla.

Juan	Y si yo os aseguro de tenerla
	de tal suerte escondida
	dentro del alma que jamás os pida
	justa satisfacción de esos agravios,
	privilegiada siempre de mis labios,
	¿por qué queréis causarme
	sospechas que se atrevan a matarme?

Conde	Porque vuestro secreto
	engendra en mi temor el mismo efeto.
	Pintáisme vuestra dama
	y mientras me ocultáis cómo se llama,
	creyendo yo que es ella
	la misma que pretendo, una centella
	de celos es, bastante
	para abrasar al Troya de un amante.

Juan	¡Qué tanto se parece
	a la que os he pintado!

Conde	No merece
	que otra alma ni otra vida
	en distintos sujetos las divida.
	La frente, los cabellos,
	las cejas, la nariz, los ojos bellos,
	las mejillas, la boca,
	el cuello hermoso de cristal de roca,
	las manos, cuerpo y brío,
	y el claro entendimiento, hechizo mío,
	todos son propiedades

del bien que adoro, envidia de beldades.

Juan   Pues, Conde, si es la propia
        que yo idolatro y que os mostró mi copia,
        ¡desesperad cuidados,
        y advertid que acostumbran los sagrados
        de pura cortesía
        desvanecer tal vez la fantasía
        de verdes presunciones
        interpretando equívocas acciones!
        Yo sé que solo vivo
        en su amoroso pecho. Yo recibo
        favores solo honestos,
        al yugo casto del Amor dispuestos.
        Y porque no os dé enfado
        el presumirme necio confiado,
        advertid que no ha un hora
        que echando suertes, fue mi protectora
        Fortuna de manera
        que me cupo mi dama, y que me espera
        por esto tan gustosa
        que el parabién se ha dado de mi esposa.
        Oíd el epigrama
        con que la suerte a su favor me llama:

(Saca un papel don Juan y léele.)

        «Tendrásle de celos loco;
        mas vencerá tu firmeza,
        que en premio de tal belleza
        nunca mucho costó poco.»
        ¡Este me ensoberbece! ¡Esto me escribe!

Conde   ¡Qué de engaños, don Juan, os apercibe

la propia confianza!
El mar y la mujer, todo es mudanza.
Ese favor, testigo
del gozo con que os veo, esa fineza
sorteada por vos fue sutileza
de un ingenio doblado que conmigo
como con vos procura,
siendo arte, persuadirnos que es ventura.
Antes que yo os hallara,
vino su confidente en busca mía,
y antes que pronunciara
las nuevas que entre engaños me traía,
disfrazando intereses en caricias,
me condenan en costas sus albricias.
Oíd la letra agora
común de dos, de quien os enamora:

(El Conde refiere de memoria la misma letra que leyó don Juan.)

    «Tendrásle de celos loco,
mas vencerá tu firmeza,
que en premio de tal belleza
nunca mucho costó poco.»

Juan   Pues, ésa, ¿no es la misma que yo os dije
que acaba de enviarme?

Conde   Ésta os dirige
y ésta me remitió, porque hay ya versos
que sirven a propósitos diversos.
Decid, don Juan, agora
que ese Sol, esa Luna, que esa Aurora
no alumbra indiferente
con una misma luz diversa gente.

Juan	A tanta costa mía
	venció vuestra probanza mi porfía.
	¡Que si mi muerte instantes se dilata
	ni el basilisco mata,
	ni el rayo es homicida,
	ni el áspid salteador de nuestra vida!
	¡Remisa es la saeta
	que del arco caribe el aire inquieta,
	ni la enramada bola
	de bombarda flamenca o española
	mortal hileras tiende;
	ni la traición ofende,
	ni da el pesar desvelos,
	ni agravios turban, ni enloquecen celos!
Conde	¡Templaos, don Juan, templaos!
	¿A dónde vais furioso? Sosegaos,
	que ni de vuestra dama
	pudo eclipsar la encarecida fama,
	ni sé que su noticia
	materia pueda dar a mi malicia.
	Solo la rectitud de vuestra llama,
	tan desnuda de afectos sensitivos
	que sin los incentivos
	de vuestro amor, platónicos despojos
	os cautivan el alma y no los ojos,
	segura de deseos
	bastó a obligarme agora por rodeos,
	mentiras y quimeras
	a sacar de estas burlas esas veras.
	Ni la letra que os dije en su desdoro
	os alborote o cause maravilla,
	porque solo el oílla

bastó para decírosla de coro.
Gozad vuestros favores;
que libre estáis por mí de opositores.

Juan

Conde, las amistades
no disfrazan engaños con verdades.
De vuestra fe con causa voy dudando
porque celos que abrasan, ni aun burlando...

(Vase don Juan.)

Conde

Envidia tengo a este hombre.
Curioso, deseo ver esta hermosura,
esta exageración, esta pintura,
esta mujer sin nombre
que con tantos primores
usurpa a la retórica colores,
pincel la lengua y labios
de quien, ocasionando sus agravios
no ve cuan peligrosa
es la alabanza de la prenda hermosa
cuando otro está delante
que puede ser su amante,
y que la llama del Amor, curiosa,
ceba más su veneno,
que con el propio, con el bien ajeno.
Registraré advertido
sus pasos, sus acciones, su sentido,
hasta saber si son ponderaciones
o verdades en ella perfecciones
de tanta consecuencia.
Y si verdades son, tenga paciencia
quien el tesoro enseña al avariento,
brindar osa al sediento,

y a juventud ociosa, toda llama,
las perfecciones pinta de su dama.

(Vase el Conde. Salen don Alonso, viejo, y don Pedro de camino.)

Alonso   Los brazos tengo de daros
segunda vez; los primeros
con los plácemes de veros
y esto es para gratularos,
   yerno no, heredero sí,
hijo y de mi Elisa esposo.

Pedro   Soy tan poco venturoso
que dudo aun viéndome así
   por vos en ellos premiado
que se ha de lograr mi suerte.

Alonso   No se blasone amor fuerte
si tiembla desconfiado,
   ¿qué causa tan improvisa
os pudo llevar de aquí?

Pedro   Es obedecer ansí
preceptos, señor, de Elisa.
   En el parque una mañana
del abril, que en ella vio
más jazmines que pisó
el alba con pies de grana,
   la signifiqué el deseo
que tenía de agradarla,
servirla e idolotrarla.
Y respondió: «No lo creo
   mientras que no hagáis por mí
una fineza amorosa

al paso dificultosa
que estimable». Prometí
  lo que acostumbra quien ama
y díjome: «Yo quisiera
que en estos tiempos hubiera
quien ausente de su dama,
  no siendo correspondido,
tan firme y constante fuese
que al que afirma desmintiese
que la ausencia causa olvido
  de quien presente encarece
su amor, su desvelo y fe.
No hace mucho, pues, quien ve
el objeto le apetece.
  Obligadme en esto vos.
Ausentaos y averigüemos
el tiempo que no nos vemos
cual es firme de los dos.
  Y si acaso en la jornada
que os olvidasteis escucho,
no se os dé, don Pedro, mucho
que no se me dará nada».
  Fuese y dejóme, juzgad
de qué modo, despreciado,
con celos y desterrado;
pero de su voluntad
  tan solícito albacea
que aquel día me partí
a Talavera, y allí
en fe de lo que desea,
  puesto que con más firmeza
mi amor que cuando la veía,
obediente mi porfía
como ingrata su belleza.

            Permaneciera el amor
        que en su desdén solicito,
        a no haberme vos escrito
        tres veces que su rigor
            se enternece a vuestra instancia
        y que a mi fe agradecida
        a vuestro gusto rendida
        y leal a mi constancia
            darme la mano os promete.
        Esto de aquí me ausentó
        y esto me restituyó.
        Siete meses, siglos siete
            acreditan la fe mía
        más firme en los desengaños
        que Jacob en sus siete años
        él presente, y yo sin Lía.

Alonso   ¿Qué tanto ha que estáis aquí?

Pedro   Ayer llegué.

Alonso   ¿Y desde ayer
            no fuera justo saber
            vuestra venida?

Pedro   Advertí
                que siendo de noche y tarde
            os fuera huésped pesado.
            Allá os remití un criado
            y no es mucho que os aguarde.

Alonso   ¡Cortedad impertinente!
            Venid, don Pedro, venid.
            Seréis esposo en Madrid

de quien querelloso ausente,
   y entretanto agasajado
de doña Ana, mi sobrina
que de mi casa vecina
ni poco ha solicitado
   vuestro alegre casamiento.

Pedro   Debo yo mucho a doña Ana.

Alonso   Veréis a Elisa mañana.
               [A prevenirla me ausento].

(Vanse don Pedro y don Alonso. Salen doña Elisa, con un papel, y Coral.)

Elisa   ¿Qué tantos extremos hizo
               don Juan con la suerte y letra?
               Coral, ¿qué tanto se holgó?

Coral   Háse holgado de manera
               que es un holgazón de gustos,
               y si en Burgos estuviera,
               fundaran sus holgaduras
               diez conventos de Las Huelgas.
               De los versos que te escribe
               sacarás como madeja
               el hilo por el ovillo,
               el mesón por la tableta.
               Léele y verás que te paga
               en décimas o espinelas
               diezmo su amor como a cura,
               alcabala sin que venda,
               diez por uno sin ser trigo,
               sisa sin tener taberna,
               y como alguacil de corte

la décima de su hacienda,
que son versos guarnecidos
de aljófar, diamantes, perlas,
nácares, púrpuras, lamas,
soles, auroras, estrellas,
rosas, jazmines, piropos,
cóncavos, zonas, esferas,
rasgos, amagos, conturnos,
giros, remedos, cometas,
con todos los cachivaches
que cuando el reloj se suelta,
los cómicos de este siglo
de golpe desenfardelan.

Elisa   ¿Pues tú también satirizas?

Coral   ¿A quién no dará molestia
tanto jirón y retazo
como hilvana una comedia?
¿Viste mudar una casa
cuando sobre una carreta
la cargan de baratijas
unas con otras revueltas?
¿El escritorio y las ollas,
las sartenes y rodelas,
el arcabuz y las naguas,
los platos y la maleta,
al alfombra y el orinal,
la bota y la limpiadera,
la tinaja y los retratos,
las espadas y las ruecas?
¿Viste tocar las campanas
cuando una casa se quema,
y los frailes y alguaciles

por las ventanas y rejas
arrojar a trochemoche
cofres, estrados, carpetas,
libros, basquiñas, pinturas,
guitarras y sombrereras?
¿Viste almonedas vulgares?
¡Qué de vistas te dijera
a no darte el quid pro quo!
Digo ejemplos por sentencias.
Pues, siempre que oigas candores,
epiciclos, influencias,
crepúsculo, potulantes,
antípodas y diademas,
imagina que son trastos,
y carretón el poeta
cargado de triquismiquis.
¡Que se muda! ¡Que se quema!

Elisa
Leo que estás formidable.

Coral
Tú también formidoblencias
alguno de gongoriza,
pues te villamedianeas.

(Lee Elisa el papel.)

Elisa
  «Ya no puede ser severo
este mes ni su aspereza
pues retratándote empieza
en mayo agora el enero.
Felicidades espero
lograda con poseerte,
pues si estriban en quererte
gozos que mis dichas forman,

sola esta vez se conforman
en mí el amor y la suerte.
    Si por suerte me cupiste,
¿qué más suerte y más fervor?
Eternamente deudor
de la Fortuna me hiciste.
Mostrar, Elisa, quisiste
que cuando más desvaría,
burlando el tiempo porfía
en mi favor experiencias,
y que aun en las contingencias
no puedes ser sino mía.»

Coral   ¿Qué te parece eso? ¡Sí
que es decimar con llaneza
y no andar pordiosando
vocablos de Zeca en Meca!

(Sale don Alonso.)

Alonso   Tan propicio a nuestras dichas,
Elisa, el año comienza.
Mas vos, ¿qué buscáis aquí?

Coral (Aparte.)   (¡Concentainas y Palencias!)

Alonso   ¿No habláis? ¿Qué queréis? ¿Quién sois?

Coral (Aparte.)   (San Tiento asista en mi lengua.)
                             Soy, señor, cierta persona...
(Aparte.)   (Persona, sí, mas no cierta
                             porque nunca estoy en casa...
                             ni persona, porque de éstas
                             hay mucha falta en el mundo.)

Destilo quintas esencias,
limpio dientes, curo callos,
hago moños, saco muelas.
Llamóme desde el balcón
una titular doncella
que diz que lo son de anillo
en la corte las caseras.
Fiéla, habrá cuatro días,
diez reales de menudencias
y vuelvo por la cobranza.
Señora, tiene la cuenta;
vuestra merced la repase
y quite en Dios y conciencia
lo que fuere exorbitancia
que luego daré la vuelta.

(Vase Coral.)

Alonso

Ya tenemos en Madrid
a tu don Pedro y tan cerca
que como a Píramo y Tisbe
una pared nos le niega.
Pero en tu silencio admiro,
Elisa, y en la tibieza
de tus ojos que sin gusto
has recibido estas nuevas.
La grana de tus mejillas,
dirás que son nobles muestras
que excusando cortedades
te han enmudecido honestas;
pero como esas colores,
equivocando apariencias,
de un mismo modo disfrazan
al pesar y a la vergüenza,

solo pueden construirlas
el discurso y la prudencia
que en mí, esta vez estudiosa,
fiscaliza tu modestia.
Todas las que te he tratado
de don Pedro, su nobleza,
su amor, su caudal, su estima,
su discreción y su hacienda,
o mudas conversación
o te finges indispuesta
o con los ojos me dices
lo que no osas con la lengua.
Pues, Elisa, ya mis años
necesitan de quien tenga
cuidado de ti y mi casa,
que me alivie y te merezca.
Harto tengo que lidiar
con ellos y sus molestias
sin añadir sobrecargas
desiguales a mis fuerzas.
Don Pedro es un mozo ilustre,
agradable en su presencia;
conózcole desde niño.
Seis mil ducados de renta
tiene en juros y heredades,
ni travesuras le inquietan,
ni juegos le desperdician,
ni amigos le desordenan.
Yo le tengo voluntad,
y es tanta la que te muestra
que no han bastado a mudarle
tus rigores ni su ausencia.
Yo sé cuan bien te ha de estar.
Ya te consta cuan mal lleva

mi condición rebeldías.
Excusemos resistencia
que la vecindad murmure,
porque quieras o no quieras
te tiene de ver mañana,
y esotro han de quedar hechas
sin falta las escrituras,
o salir la noche mesma
en un coche de Madrid
para un convento de Lerma.

(Vase don Alonso.)

Elisa   Todo mal no prevenido
es precursor del desmayo.
Mata repentino el rayo,
y si no, quita el sentido.
Instantáneo rayo ha sido,
don Juan, mi padre cruel.
Mas privilégiame de él
mi firmeza inexpugnable;
que aunque a todos formidable,
no hiere el rayo al laurel.
    Cuando de mi amor discuerde
y me amenazan congojas,
no porque tiemblan las hojas
el laurel su verdor pierde.
Siempre firme, siempre verde
sus rigores me verán
y, si en perseguirme dan,
la muerte es común remedio;
que mi amor no admite medio
entre la muerte y don Juan.

(Entra doña Ana.)

Ana

Permisiones de parienta
y llanezas de vecina
cuando el amor me encamina
y vengo a verte contenta
　excusan autoridades
de criadas, manto, coche
y visitarte de noche.
Prima, nuestras amistades,
　por causa tuya algo tibias,
se vuelven ya a restaurar.
Plácemes te vengo a dar
si es que con ellos te alivias
　del esposo que por ti
mi casa admite gustosa;
porque de ser tú su esposa
me toca también a mí.
　Perdona la mayor parte
pues nuestra dicha nos casa.
Entró don Juan en mi casa,
no sé si para buscarte,
　e informóse, aunque turbado,
de tu don Pedro y de mí
que de Talavera aquí
viene casi desposado;
　porque tu padre le avisa
de que ya menos cruel
quiere Amor lograr en él
dificultades de Elisa.
　Confirmaron sus recelos
las cartas que le leyó
y tu padre le escribió,
mas no bastaron los celos

a destemplar su cordura
si bien nos dieron aviso
de lo mucho que te quiso.
Antes, con la compostura
   que debe a su discreción,
gratulando al venturoso,
dijo: «Digno es tal esposo
de tan discreta elección».
   Quedaron los dos amigos
y yo lo quedé también.
Hémonos querido bien.
¿De qué sirvieran castigos
   que no me estaban a cuento
y yo después padeciera
si por uno que le diera
había de llorar ciento?
   No me ha cabido en el pecho
este gozo hasta que tengas
parte de él y te prevengas
a lo que ya, prima, es hecho.
   El alma a don Pedro aplica
que, pues me caso y te casas,
la vecindad de las casas
mis bodas te comunica.
   Y adiós, que vengo de prisa
y es razón, mientras no sale
mi huésped, que le regale
por quien es y por su Elisa.

(Vase doña Ana.)

Elisa   ¡Qué cobardes son, Fortuna,
las desdichas que ocasionas!
A cientos las eslabonas;

nunca vienen de una en una.
No fueras tan importuna
si cruel en sus aumentos
sin celos dieras tormentos;
pero, ¿qué bronces podrán
con ellos y sin don Juan
valerse de sufrimientos?
  ¿Yo ironías de doña Ana?
¿Yo de don Juan menosprecios?
¡Fuera, pundonores necios!
¡Fuera, obediencia tirana!
¿Mañana, cielos, mañana
prenda del que aborrecí?
¿Yo sin don Juan y él sin mí?
¿Dueño de quien me persigue?
¡Primero que al «sí» se obligue
un áspid llegue en el «sí»!

(Sale Coral deteniendo a don Juan.)

Juan   ¿Tú me impides? ¡Vive el cielo!

Coral   Viva, pero no has de entrar.

Juan   ¿Quieres que te dé la muerte?

Coral   Llamaránte irregular.

Juan   Apártate. No ocasiones...

Coral   Tú las ocasiones das.
                  ¡De noche y en casa ajena,
                  colérico criminal!
                  El viejo es tan avariento

de su honor y autoridad
que al punto que aquí nos vea
dará el grito garrafal
que todo el barrio convoque.
Don Pedro que los oirá,
pues no es sordo ni está lejos,
competidor puntual,
ha de retar a Zamora.
Al duelo responderás
y, angulando con él tretas,
acabóse el amistad.
Elisa, su semiesposa,
si te tuvo voluntad,
remitirá sus empeños
al valle de Josafat.
Doña Ana quede la tuya,
se soñaba dueño ya.
Si estelionatos cometes,
¿qué ha de hacer sino rabiar?
Pues Leonor, la relamida
lanzadera del telar
de esta pretensión picote,
pues tejedora neutral
entre ti y tu concurrente
ha sabido enmarañar
lanas de color diversa,
negra aquí si blanca allá.
Siendo arrendajo de Elisa,
¿quién duda que ha de bailar
al son que su ama la hiciera?
Y entrando la vecindad,
¿contra tantas pechelingües
qué importa ser Fierabrás?
Ni, ¿qué fieltro es poderoso

contra tanta tempestad?
¡Vuelta, vuelta los franceses!
¡Oh, si en tus trece te estás!
Pues no comí las maduras,
vuélvame yo en haz y en paz
de la santa cobardía!

Juan

En la templanza verás
con qué disparates te oigo,
el sosiego con que están
en mis agravios mis pasiones.
Solo quiero gratular
resoluciones de Elisa
por lo bien que le estará,
a doña Ana a quien obligo
la airosa facilidad
con que redimo deseos.
¡Que empleo mi amor tan mal!
Tráigote en mi compañía
por si llega a preguntar
circunstancias de esta acción,
pues ansí me excusarás
de satisfacciones nuevas.
No estoy loco. Ténme en más.
Ven y escucha.

Coral

¿Das en eso?
Pues paciencia y barajar.

(Llega muy cortés don Juan a Elisa que estará muy suspensa.)

Juan

Bésoos, señora, la mano.

Elisa

¡Jesús, señor! ¿Aquí estáis?

Suspensiones cuidadosas,
hijas de una novedad,
me excusan no haberos visto.

Juan   Como es dueño principal
de los sentidos el alma,
y en ella aposesionáis
al dichoso que os merece,
¿quién duda que os llevará
para darle la obediencia
la vista que me negáis?
Tal vez si entra señor nuevo
en su casa, la lealtad
del ministro se descuida
de la puerta donde está
por irle a ver y a servir.
Lo mismo, señora, usáis
con los ojos, pues se olvidan,
aunque abiertos, de mirar.
Yo, también, interesado
en vuestra felicidad
por vecino y por pariente...
Si este título extrañáis
advertid que hemos de serlo
en grado de afinidad.
Vengo todo parabienes
de esperanzas que veáis
brevemente posesiones
y éstas duren siempre en paz
siglos que juzguéis instantes.

Elisa   En ellos, señor don Juan,
eternicéis con mi prima
tan cuerda conformidad;

que yo, mil veces dichosa,
con el deudo que me dais
el parabién os retorno.

Coral (Aparte.)   (¡Con salsa de para mal!)

Juan   Vengo a veros demás de esto
porque os quisiera excusar
lástimas impertinentes
que es fuerza que me tengáis
si no os desocupo de ellas;
porque si en vuestra beldad
tuvo acción no presumida
mi fe que os sirvió leal,
habiendo, Elisa, tampoco,
que pudiera blasonar
suertes felices, la suerte
que desmintió la verdad.
¿Quién duda que permanezcan
cenizas para señal
de incendios que recién muertos
palpitando agora están?
Pues no, Elisa, no por esto
las sazones impidáis
que os ofrece la Fortuna
que no lo son con azar.
Mi libertad despedida,
ya de veras libertad,
para volverse a su centro
me anduvo anoche a buscar.
Encontróla vuestra prima
y, como la antigüedad
de criados que son fieles
reliquias suelen dejar

de afición en sus señores,
fue fácil en su piedad
que olvidando sentimientos
se volviese a acomodar.
No ha mejorado de dueño;
pero tan contenta está
que si os faltaran los gustos,
os lo pudiera feriar.

Elisa　　　　　　Tenéis vos tan movediza
el alma que vida os da
que en dos días se envejece
violentada en un lugar.
Quien dueños a meses muda,
por más que sirva, no hará
palacios con azulejos.

Coral (Aparte.)　　(Acoto con el refrán.)

Elisa　　　　　　No os tengo lástima a vos,
pues siendo la liviandad
tan propia cosecha vuestra
seguís vuestro natural.
A doña Ana, sí, y no poca,
que podrá con vos juntar
al pésame de perderos
los plácemes que la dan
segunda vez de adquiriros;
porque en vos tan cerca está
en materia de firmezas
el salir como el entrar.
Allá se lo haya su amor,
que el mío os puedo afirmar
que os echa tan poco menos

que no necesitarán
de pregoneros mis penas
para que os vuelvan acá.
Tiene ya dueño mi dicha
y, como mi voluntad
mañana ha de recibirle
donde eterno ha de habitar,
está despejada y limpia;
que fuera temeridad
que hallara en su casa el dueño
celos en qué tropezar.
Estorbadlos vos en ésta
porque si la frecuentáis,
ni ha de estaros a vos bien
ni a doña Ana sino mal.

Juan   ¿Quisiéredes vos agora,
contra la serenidad
y quietud de mis afectos
que vos infiernos juzgáis,
que ofendida mi paciencia
soltara todo el raudal
de amenazas y locuras
que acostumbran fulminar
los agravios y los celos?
¡Qué mal haréis si aguardáis
desesperados arrojos,
frenética tempestad
de injurias y desafíos
y esto de ingrata, desleal,
cruel, inconstante, aleve,
cera al fuego, pluma al mar,
con todos los atributos
de que tan llenos están

los teatros cuando pintan
a una dama y a un galán!
Pues, creedme, a fe de libre,
que a poder vos registrar
lo que pasa acá en mi pecho
donde ni estaréis ni estáis,
os partiéredes corrida
porque no se juzga ya
si a amantes no desespera
por valiente una beldad.

Elisa   Por vida vuestra que os creo;
aunque en ver que os abonáis
tan sin qué ni para qué
me ha dado qué sospechar.
¿Qué sería, si así fuese?
Que ya yo vi rotular
libros en el pergamino
que siendo de humanidad
pasan plaza de devotos.
Y en las Indias hay volcán
de nieve la superficie
y en el centro de alquitrán.

Juan   Pues hagamos una cosa
vos y yo, porque creáis
cuan preservado me tienen
escarmientos de ese mal.
Yo quedaré por perjuro
y hombre de poco caudal
sin palabra ni nobleza
como vos propio hagáis
si pusiere en vos los ojos,
si llegare a preguntar

43

por vos en toda mi vida.
¿Qué tal de gustos os va
si os quiere mucho don Pedro,
si fue su amor al quitar
y otras cosas a este tono
que ya por curiosidad,
ya porque recuerdos duran,
quien bien quiere suele usar?
¿Qué respondéis?

Elisa   Que seré
en eso tan liberal
que del mismo pensamiento
os juro desde hoy borrar.
Y para que echéis de ver
que lo que determináis
es lo que yo apetecía,
añado una cosa más
que os desengañe del todo.

Juan   ¿Y es la cosa?

Elisa   Que os sirváis
de que doña Ana me elija
su madrina.

Juan   Será igual,
Elisa, mi desempeño,
si me permitís honrar
siendo yo vuestro padrino.

Elisa   ¡Jesús! Con esto estarán
cabales todas mis dichas.

Coral (Aparte.)   (No tan bendito y cabal;
que a fe que les viene apelo
aquello de «más mal hay
en el aldehuela, madre,
que se suena». Ello dirá.)

Juan   En fin, ¿estamos conformes
los dos en esto?

Elisa   ¡Y qué tal!

Juan   Quien se acordare primero
del otro...

Elisa   ...merecerá
descréditos de perjuro.

Juan   Mucho haréis si lo juráis.

Elisa   ¿Yo? ¡Por vida de don Pedro!
Mas, ¿qué os pretendéis vengar
jurando la de mi prima?
¿Que todo vuestro caudal
se cifra en aquese juro?

Juan   Eso os debe de abrasar;
mas la vida de don Pedro
no es cosa en que mucho os va.

Elisa   ¿No? ¿Habiendo de ser mi esposo?

Juan   Hasta agora libre estáis.
Yo sé que escondéis adentro
otro que os importa más.

Jurad por él o os creeré.

Elisa

¿Y es?

Juan

Por vida de don Juan.

Elisa

¡Jesús! ¡Qué gran desatino!
No me acordaba de él ya.
¿Vos no veis si por él juro,
que habiéndole de nombrar
pierdo con vos el apuesta?
Dios le perdone.

Juan

Jurad
por vida de todo aquello
que más queréis y adoráis.

Elisa

Don Pedro viene a ser ése.

Juan

Si es don Pedro, ¿qué se os da?

Elisa

¿Para qué he de repetirlo?

Juan

¡Qué engañosa que rehusáis!
Jurad por vida de Carlos.

Elisa

¿Qué Carlos? ¿El de Roldán,
o el español Carlos Quinto?

Juan

Negad, Elisa, negad
un Conde que en vuestras suertes
sirvió de encuentro y azar
para encumbrarse en mis dichas
hallándose tan capaz

en vos el alma que a un tiempo
tres en ella aposentáis:
a don Pedro, a mí, y al Conde.
Y entre ellos mi libertad,
más que todos infelice
porque os supo querer más.

Elisa
¿Qué Carlos? ¿Qué Conde es éste?
¿Qué azares? ¿Qué encuentro?
¿Estáis, don Juan, en vuestro juicio?
Desatino refrenad
o ¡vive el cielo...!

Juan
      Sentís
aprietos de la verdad.
Que en fe, sirena, de serlo
se tienen de rubricar
con mi sangre.

Elisa
      ¿En la daguita
la mano? ¡Oh, qué singular
paso para una comedia
de las de veinte años ha!
¡Don Juan, sosegaos! ¿Qué es esto?

Juan
Si le has forzado, será
él Lucrecio y tú Tarquina
porque tengan ejemplar
las matronas y matronos
que hay Porcios si Porcias hay.

(Sale Leonor.)

Leonor
Tu padre, prima y don Pedro

entran a verte.

Elisa
　　　　Don Juan,
dueño ingrato de mis ojos,
mi prenda, mi bien, mi mal,
yo te quiero, yo te estimo,
yo te adoro. Cesan ya
burlas que abrasan de veras.
Paren enojos en paz.
Éntrate en ese aposento
y en él oculto, serás
testigo de las finezas
de un amor por ti inmortal.

Juan
¿Si te casas? ¿Si me olvidas?

Elisa
Por la luz universal
del Sol, padre de las otras,
por la vida que me das
viéndote amante y con celos,
y por ti, mi bien, que es más;
de adorarte eternamente
sin que se atreva a borrar
el carácter de mi fe
toda la severidad
e inclemencia de los cielos.

Juan
En efecto, ¿no serás
de don Pedro?

Elisa
　　　　De la suerte
que el traidor dé la lealtad,
que el infierno dé la gloria,
que la guerra dé la paz.

Leonor	¡Que entran, señores, que llegan!
Elisa	¡Ay, mi bien! Si la beldad de doña Ana me compite, ¿qué he de hacer?
Juan	¿Cómo podrá contra el Sol la noche negra perfecciones alegar?
Coral (Aparte.)	(¿No oponerse una lechuza contra un águila que es más?)
Elisa	¿Entras?
Juan	Entro con la fe de tu palabra.

(Vase don Juan.)

Coral	¿No habrá, Leonor, para mí un candil? Que a escuras he de maullar como gato entre dos puertas.
Leonor	No hay gota en él.
Coral	Pues serás virgen loca si no hay gota.
Leonor	¿Y tú?
Coral	¿Yo? Gotacoral.

Fin de la primera jornada

Jornada segunda

(Sale el Conde como de noche y Leonor.)

Conde   Tengo un poco que deciros.

Leonor   ¿Vos a mí? Viniera bien,
si yo fuera Inés, aquello
de «un poco te quiero, Inés».

Conde   Decís verdad; mas no sufre
la prisa con que me veis
el remate de la copla,
«yo te lo diré después»
porque si esta ocasión pierdo,
la esperanza perderé
que en vuestro favor estriba.

Leonor   Terrible tiempo escogéis,
mi señor. Es esa sala,
que divide esta pared,
con su hija y con don Pedro,
hoy su yerno ausente ayer,
conciertan las escrituras.
Y están presentes con él
su sobrina y de ambas partes
deudos que han venido a ser
agentes de nuestras bodas.
Pues la hora... ya lo veis.
El reloj las doce ha dado
y vinieron a las diez.

(Échale el Conde en la manga un bolsillo.)

¡Ay! ¿Qué es esto que en la manga
suena?

Conde   No os alborotéis
que aunque pesan no son cantos
que os descalabren.

Leonor   ¿Pues, qué?

Conde   Unos pocos de doblones
para que facilitéis
deseos; que cumple a damas
la calle del interés.

Leonor   ¿En el siglo de vellón
doblones? Vos entraréis
mejor, si ansí granizáis,
que el planeta genovés.
Baldada me habéis cogido
del manjar que siempre fue,
cuando se hace el amor hombre,
codillo de la mujer.
¡No hay oros en todo el mundo!
Mirad como no daréis
un todo en aquesta casa.
Hablad, servid, pretended;
que aunque amantes peregrinen,
dos primero, y con vos tres
deseosos de alcanzar
la villa del bienquerer
llegaréis primero que ellos
pues a la posta corréis
por la senda de Galiana,
vos volando, ellos a pie.

Parecéisme un pino de oro
pues fruto de oro escogéis,
y ellos, en fe de difuntos,
cada cual será un ciprés.
¿Amáis a Elisa o a doña Ana?

Conde   Antes que noticia os dé
de mi amor, que en vos consiste,
deciros quién soy es bien.
¿Conocéis al Conde Carlos?

Leonor   Conde Claros sois? ¿Tendréis
el nombre como las obras
porque no puede ofrecer
estrellas de oro, doblones,
sino un cielo cuando esté
claro como un Conde Claros
cual vos. Oí encarecer
a un don Carlos, señoría
nuestro vecino, de quien
dicen que si el nombre es César,
en el obligar es rey.

Conde   Y sacaré verdadera
con vos esa fama. Haced
mis partes, y si se logran,
Leonor mía, no cuidéis
de vuestro dote y ventura.

Leonor   Bésoos las manos y pies,
que atada de ellos y de ellas
vuestra esclava soy.

Conde   Oíd, pues:

exageróme un amigo
que tengo y vos conocéis
con tanto extremo esta noche
la dama a quien quiere bien.
Tanto encareció sus partes,
tan suspenso le escuché,
tan ponderativo anduvo,
tan curioso yo con él
que ausentándose de mí
sin dármela a conocer,
en su retrato mi envidia
pienso que puso el pincel.
Como de la novedad
hija la admiración es,
y ésta madre del deseo,
¡juzgad de tanta preñez
cual saldría el apetito!
Porque en mí fue tan cruel
que obediente a sus impulsos
su amistad atropellé.
Hice seguirle a un criado.
Fue diligente tras él.
Vióle en casa de doña Ana.
Que la amaba sospeché.
Digna fuera su hermosura
de abrasarme, a no saber
que don Juan adora a Elisa;
porque saliendo después
de con doña Ana, turbado,
en la calle le escuché
fulminar con quien le sirve
las locuras que un desdén,
un olvido, una mudanza,
suele arrojar de tropel.

Impedíale el criado
la entrada, por conocer
el riesgo de sus arrojos;
pero tan en vano fue
que a pesar de sus avisos,
yo mismo le vi poner,
ciego, la mano en la daga
y en sus umbrales los pies.
Entró, en fin, habrá dos horas
mas no salió. Vos sabréis,
como confidente suya,
Leonor, lo que se hizo de él;
que yo, con celos primero
que amante, un rato dudé
a las puertas de la calle
entre celoso y cortés
si entraría o no entraría
hasta que por no ofender
la quietud de quien adoro
mis deseos retiré.
De su padre y de don Pedro,
don Álvaro y don Miguel,
doña Ana y otros amigos,
entre todos cinco o seis
que son los que están agora,
conforme dicho me habéis,
haciendo las escrituras
y dándola el parabién,
disimuléme criado
con los demás y llegué
a la presencia de Elisa,
mereciendo en ella ver
tanto cielo, gracia tanta
que en don Juan quedó esta vez,

aunque dijo cuanto pudo,
avaro el encarecer.
Yo la adoro, Leonor mía,
yo estoy loco. Podrá ser
que cuanto más imposible
mis esperanzas la ven,
me parezca más hermosa.
Sin ella, no lo dudéis,
es la vida en mí tan ardua
como cortado el clavel,
como sin calor el fuego,
como sin su esfera el pez,
como el pájaro sin aire,
como sin agua el bajel.
Vos sola, Leonor piadosa,
Leonor cuerda, Leonor fiel,
Leonor...

Leonor   Vuestra soy. Decid,
Conde, y no me leonoréis.

Conde   Vos sola sois mi remedio.
Vos tenéis, sola, poder
para conservar mis años
en el mayo en que los veis.
¿No es mejor para condesa
la hermosa Elisa? ¿No es
mejor para señoría,
Leonor, que para merced?
Pues con una acción no más
que esta noche ejecutéis,
ella os deberá mi estado,
yo la vida os deberé.

Leonor	Conde, decid, que doblones
	en manga deben de ser,
	por San Juan, granos de helecho,
	pues desde que los toqué
	os quiero más que a mis ojos.
Conde	Quinientos de ellos tendréis,
	seguros para casaros.
	Oídme y proseguiré:
	don Pedro, Elisa y su padre,
	y los demás que sabéis,
	con las escrituras que hacen
	quieren mi sepulcro hacer.
	En el semblante de Elisa,
	que siempre del alma fue
	intérprete fidedigno,
	el pesar eché de ver
	con que estas bodas permite.
	Con causa maliciaré
	de que don Juan ocasiona
	la pena con que la ven.
	Si vos, antes que se firme
	el riguroso papel,
	alegando nulidades,
	por mi esperanza volvéis
	diciendo fuisteis testigo
	de que su palabra y fe
	me dio con la mano hermosa
	y que no consentiréis,
	que por temor del peligro
	quebrando al cielo la ley
	que en estos casos dispuso
	vos por ella os condenéis,
	sus intentos estorbáis,

yo, en fin, resucitaré.
Vos tendréis en mí un esclavo
y a Elisa redimiréis
de la vejación que llora,
pues sosegadas después
pesadumbres y alborotos,
claro está que ha de querer
a un conde más que a un don Juan
su padre, y que vos seréis
gratificada de todos
y estimada en más después.
¿Qué decís?

Leonor   Que ya es más caro,
Conde, de lo que pensé
el oro que me enmangasteis;
pero, ¿qué tengo de hacer?
No me tengáis por ingrata.
Cuanto mandáis cumpliré.
Comprada soy que no mía.
Vos fuisteis mi mercader;
mas si al ímpetu primero
pretende el viejo cruel
ser en mí leonoricida,
¿quién me podrá socorrer?

Conde   Yo, Leonor, yo que he de estar,
si advertida me escondéis
donde de vuestras agencias
siendo testigo sea juez.
Cuando intenten agraviaros
los unos y otros, saldré
a sacaros verdadera;
pues es forzoso que os den

	crédito viéndome oculto
	en casa, con que podréis
	libraros vos de su enojo,
	y yo sus dudas vencer.

Leonor	Alto, nunca las hazañas
	discursivas han de ser.
	Todo consejo es cobarde
	porque padre del miedo es.
	Entraos en ese aposento
	que es donde duermo, y poned
	toda el alma en los oídos.
	Sabrán lo que me debéis.
(Aparte.)	(En el otro está don Juan.
	A pares empieza el mes.
	¡En mi casa las tramoyas!
	Conde es Carlos, yo mujer;
	doblones los que me hechizan.)
	¿Entráis?

| Conde | Entro para hacer |
| | vuestra fortuna envidiada. |

(Entra el Conde.)

Leonor	Dios vaya conmigo, amén.
	Mas todos salen acá.
	Ocasión, Amor, me dé
	en que encaje mis mentiras
	y me saque de ellas bien.

(Salen don Alonso, don Pedro, doña Ana, Elisa y otros.)

| Alonso | Elisa, no ocasiones |

sospechas a tu fama;
que ni te han de valer tus evasiones,
ni a quien con tantas veras y fe te ama
consentiré quejoso;
pues vino con gusto a ser tu esposo.

Ana

Prima, si ésta no es tema
y quieres a don Pedro, ¿qué hay que tema
la dilación de un día que encareces?
Quien liberal da luego, da dos veces.

Elisa

Deja para los viejos,
pues que no peinas canas, los consejos
si no es que interesada
te importa el verme a mi pesar casada.
Conozco lo que medro
feliz consorte del señor don Pedro,
y estoy reconocida
al amor que me muestra,
mas tengo prometida
una novena a la patrona nuestra
de Atocha, y así trato
que se queda por hoy este contrato.

Alonso

Harásla desposada
con más quietud y menos registrada;
que aunque las estaciones
son tan santas de suyo, hay ocasiones
en que las juventudes
profanan oraciones y virtudes,
y pocas hay que apenas
no saquen verdadero a quien decía:
«Haberse de llamar —cuando las veía—,
en [las muchas] novenas, las nobuenas.»

No apures mi paciencia.
Firma esas escrituras
o apercibe tu loca resistencia
a un convento de Lerma en que tus tías
en su clausura culpan tus porfías.

Elisa

Escojo, pues a mi elección lo dejas,
por mejor que entre rejas
sujeta siempre viva
que a quien no tengo amor servir cautiva;
pues si uno y otro al fin es cautiverio,
más noble me le ofrece un monasterio,
y más vale medrando eterno nombre
ser esclava de Dios que no de un hombre.
Y porque creas cuán constante afirmo
la determinación de tus venganzas,
rasgo en estos papeles esperanzas;

(Rásgalos.)

que de esta suerte yo violencias firmo.

Alonso
(Saca la daga.)

Detén, inadvertida.
la mano, si no intentas que en tu vida
mi enojo satisfaga.

Leonor

¿Está en sí, vuesasted? Meta la daga,
que siendo tan cristiana mi señora,

(Aparte.)

(La chanza encajo agora.)
y esposa de quien burlan, presumidos,
no ha de tener a un tiempo dos maridos.

Alonso

¿Qué dices?

Pedro

¿Cómo es eso?

Elisa

¿Estás en ti, Leonor?

Leonor
Todo mi seso
está como solía.
Señores, mi señora es señoría.
Un conde la confiesa;
él por su esposa y yo por mi Condesa.
Ayer le dio la mano
besándosela amante y cortesano.
Yo fui cura y testigo.

(Aparte doña Elisa y Leonor.)

Elisa
¡Desatinada, advierte...

Leonor
Ve conmigo.

Elisa
...que está don Juan oyendo tus quimeras,
y que ha de imaginar que hablas de veras.

(En voz alta.)

Leonor
En balde me cohechas al oído.
Más quiero mi conciencia. Tu marido
es el conde don Carlos.

(A doña Elisa.)
Ve conmigo, que así puedes burlarlos.

Alonso
¿Qué conde o desventura?

Leonor
Esto es notorio.
Delante de mí se hizo el desposorio.
¿De qué forman espantos?
¿Es mucho un conde donde sobran tantos?
Él jura, endoselando estas paredes,
en señorías mejorar mercedes.

Y que apetezca yo, no es maravilla,
ver las espaldas vueltas a una silla.

Alonso

Ya digas la verdad o ya estés loca.
Tu atrevimiento mi furor provoca
a que en tu sangre vil...

Leonor

¡Jesús, María!
¡Conde, vuelva por mí Vuesaseñoría!

(Sale el Conde.)

Conde

La voluntad, caballeros,
que el cielo quiso eximir
de humanas jurisdicciones
no ha de violentarse ansí.
Elisa, en cuya belleza
elíseos deleites vi,
puesto que allá vive el gozo
y acá el amarla es vivir,
piadosa admitió finezas
del alma que la rendí.
¡Corta oferta un alma sola
quien quisiera darla mil!
Poco más debe de haber
de un mes que por competir
con el Sol, salió en un coche
ella flora y él jardín
a dar nueva vida al Prado.
Pues, volviéndole a vestir
de yerba y rosa soberbio,
vio por noviembre su abril.
Todas las ponderaciones
que en los versos aplaudís

cuando idiomas adulteran
nuevos modos de escribir
pudieran, si la pintaran,
lograr su elocuencia aquí;
mas, ¿para qué os la retrato
si a su origen asistís?
Sin libertad desde entonces
diademas apetecí
felices a coronar
su hermosura emperatriz.
Dila parte de mis penas,
solicité, pretendí
sin perdonar circunstancias
que suele el amor lucir.
Correspondiólas afable
porque echó de ver que en mí
eran una misma cosa
el ponderar y el sentir.
La víspera de año nuevo
echó suertes y salí
por elección de los hados
su amante, y anoche en fin
me entituló su consorte
tan rendida, tan feliz
que en nuestras manos amor
nuestras almas vino a unir.
Avisóme de la ofensa
en que todos incurrís
tiranizando su imperio.
Caballeros advertid:
que es mi esposa, que es Condesa,
y que si lo resistís,
será fuerza el defender
mi acción y fama o morir.

Alonso	Conde, entre los generosos
	siempre ha sido acción civil
	hurtar el cuerpo a las leyes
	y al Sol el rostro encubrir.
	Ilustre os conoce España,
	conde, os venera Madrid,
	rico Fortuna os conserva,
	la edad en vos es abril;
	mas aunque por tantas partes
	calidades presumís,
	no son menos las que Elisa
	nos debe al cielo y a mí.
	Valor, juventud y hacienda
	tiene igual; solo añadís
	un título que aunque honroso
	no es difícil de adquirir.
	Si a Elisa, pues os iguala,
	conde, amáis como decís
	un mes ha con fin honesto,
	pudiéndomela pedir
	seguro de vuestro abono,
	¿por qué de noche venís
	a usurpar jurisdicciones
	y esperanzas deslucir?
	Intenten pobres plebeyos
	medrar por medio tan vil
	calidades a sus casas
	ennobleciéndose ansí
	que es lo que disculpa en ellos.
	Viene a ser, pues lo seguís,
	defecto vituperable
	digno en vos de corregir.
	Oblígueos, pues sois tan noble,

                            la templanza a que advertís
                            a pesar de mis ofensas
                            en mi enojo, y elegid
                            a satisfacción de partes
                            esposa con quien vivir
                            sin que menosprecios llore
                            después si os arrepentís;
                            que amores no consultados
                            y bodas sin prevenir
                            pronostican las más veces
                            buen principio y triste fin.

Elisa   Señores, ¡qué disparates!
                            ¿Me pretenden consumir
                            el seso con la paciencia?
                            Yo, ¿cuándo os correspondí?
                            ¿Cuándo os tuve por amante?
                            ¿Cuándo, conde, os llegué a oír
                            deseos que me venciesen?
                            ¿Cuándo os hablé? ¿Cuándo os vi?

(Leonor habla aparte a doña Elisa.)

Leonor   ¡Que lo echamos a perder,
                            señora! ¡Pobre de mí!
                            El conde viene a librarte
                            con este ingenioso ardid
                            de tu padre y de don Pedro.
                            Por don Juan ha entrado aquí
                            que es íntimo en sus amores.
                            Si esta vez sabes fingir
                            date por libre y dichosa.

(Leonor habla aparte a doña Ana.)

Señora, solo por ti
me engolfé en esto. Si el conde
a Elisa llega a adquirir
te queda libre don Juan.
Que es su esposo el conde di,
y dale todo por hecho.

Elisa (Aparte.)   (¿Hay quimera más sutil?
Lo que Leonor me aconseja
está de perlas.)

Ana (Aparte.)   (Salid,
Amor, a la causa vuestra;
que si llegáis a impedir
que don Juan de Elisa sea,
mi esperanza conseguí.)
El callar es ya culpable,
señores, y el resistir
al cielo y temeridad.
Con Leonor testigo fui
de cuanto ha propuesto el conde.
Él la dio el alma, ella el sí;
conformidad las estrellas,
la noche ocasión y, en fin,
don Pedro culpe a sus hados
y téngase por feliz
esta casa, pues, merece
dueño tanto.

Alonso   ¡Que por ti,
inadvertida, liviana,
haya mi honor de salir
a la vergüenza! ¿Qué dices?

¿Qué respondes?

Elisa   Que encubrir
tan manifiestas verdades
no es posible; que seguí
los consejos de doña Ana
sin poderme persuadir
a querer bien a don Pedro,
y que el conde vive en mí.

(Sale don Juan.)

Juan   Ya es infame el sufrimiento.
Déjame salir a dar
desahogos al pesar,
avisos al escarmiento.
Pretender que en el tormento
sufra las penas atroces
la congoja y no dé voces
con el agravio es lo mismo
que amansar sobre el abismo
los huracanes veloces.
    Quien quiere en los evidentes
ímpetus de la violencia
que esté oculta la paciencia
y los agravios patentes,
llegue a enfrenar las corrientes
que entre desatados hielos
forman airados los cielos,
reprima el fuego en los bronces.
Podrá ser que amanse entonces
la tempestad de los celos.
    Todos me habéis ofendido;
de todos juntos me quejo:

de la imprudencia de un viejo
por avaro inadvertido;
de un amigo fementido
que, vuelto competidor,
Vellido fue de mi amor;
de un amante que pretende
obligar a quien ofende
por los medios del rigor;
    de una olvidada hermosura
que siendo noble se venga
y porque efecto no tenga
mi amor turbarle procura
de quien fue mi ventura
solícita intercesora
y ya a mi fe burladora
su lealtad osó vender
que no es infamia ya el ser
por el interés traidora;
    de mí mismo que creí
en la duración liviana
de la flor, la sombra vana,
del sueño, del frenesí,
de Elisa, en fin, a quien di
crédito y fe sin temer
que en su leve proceder
es, de las mudanzas dueño,
flor, frenesí, sombra, sueño,
la palabra en la mujer.
    No ha un hora que me juró
con afectos apacibles
atropellar imposibles
que en mi favor despreció.
No ha media que me escondió
donde la creí diamante.

No ha un instante que inconstante
anegó mis esperanzas.
¡Considerad las mudanzas
de una hora, media, un instante!
    Todos mi mal prevenís.
Loco por todos parezco.
A todos os aborrezco
pues todos me perseguís.
Si estos oprobios sentís,
venid a contradecirme.
Sígame el necio que afirme
que no es infeliz quien ama,
que Amor su imperio no infama
y que hay hermosura firme.

(Vase don Juan.)

Pedro   Prevención discreta ha sido,
Elisa, la que hecho habéis;
pues, porque os sobren tenéis
en cada sala un marido.
De los tres que hemos venido
podéis a gusto escoger
y esta casa no temer
lo que muchas necesitan
si las que poco se habitan
a pique están de caer.
    ¡Tanto huésped encerrado!
¡Notable capacidad
tiene vuestra voluntad
pues a tres lugar ha dado!
Puesto que he sido llamado
renuncio el ser escogido.
En Talavera he vivido,

en ella de mí os servid
aunque aquí y allá advertid:
se quiebran de una manera
los platos de Talavera
y las damas de Madrid.

(Vase don Pedro.)

Conde   Ya, señora, dificulto
lo que antes facilité
aunque crédito no dé
a vislumbres de esta insulto.
¡Pero a tal hora y oculto
en vuestra casa don Juan!
Permisiones de galán
exceden del justo extremo.
No os culpo yo, pero temo
peligro del qué dirán.

(Vase el Conde.)

Leonor (Aparte.)   (Miedos, ¿qué hacemos aquí
si en esta tempestad toda
soy la vaca de la boda
y ha de llover sobre mí?
Por el conde me perdí,
de él me voy a socorrer;
y cuando no pueda ser,
pues a embelecos me atrevo,
oficio conmigo llevo
que me gane de comer.)

(Vase Leonor.)

Ana	Prima, por verte en altura
	que a tus deudos nos honrase,
	procuré que se casase
	con un conde tu hermosura.
	El amor todo es ventura.
	No la supiste tener.
	Don Juan te ha echado a perder
	y es quien de ti más se ofende;
	que quien todo lo pretende
	todo lo viene a perder.

(Vase doña Ana.)

Elisa	En tu silencio, padre generoso,
	conjeturo señales
	del pesar congojoso
	que crece a la medida de tus males,
	pues cuando es tan valiente
	de mucho sentimiento no se siente.
	Esto causan agravios desiguales
	y yo, en la ocasión de ellos inocente
	al paso que culpada,
	el cuello rindo a tu pasión airada.
	Mas óyeme primero, no clemente
	sino ofendido sabio.
	Sabrás en qué estoy libre, en qué te agravio,
	y seré en la opinión que me desdora
	de mí misma fiscal y defensora.
	Un año ha, poco más, que agradecida
	a finezas de amantes
	rendí a don Juan la voluntad y vida
	con afectos de amor tan semejantes,
	con tal conformidad de corazones,
	que, si fueran verdad las opiniones

que afirman haber sido
la mujer y el varón un cuerpo solo
y haberlos dividido
severo el Dios progenitor de Apolo,
creyera mi cuidado
que de don Juan me habían separado
y que en los dos las almas, dos mitades,
deseaban unir sus voluntades.
Al mismo tiempo, pues que me inclinaba
a don Juan, a don Pedro aborrecía
con tanto extremo que...¡si le pintaba
mi ciega fantasía!
Y opuesta a su deseo
tan inclinados tus afectos veía
a que mi amor en él hiciese empleo.
Desmayos de la muerte
el alma me asustaban
sintiendo el no poder obedecerte
y solo con la vista se aliviaban
de don Juan, que no ofrece
la humana medicina
pítima tan cordial y peregrina
como el ver a quien ama quien padece.
Ausentóse a mi instancia
don Pedro y, ya seguro de él mi amante
en su fe y mi constancia,
labraba Amor finezas de diamante.
Sentiste verle ausente,
permitiste obediente
que volviese a Madrid. ¡Qué desatino!
A desposarse vino,
desesperó esperanzas quien adoro
y perdiendo el decoro
a su cortés templanza,

aumentó con sus ansias mis desvelos.
Solo quien tiene amor perfecto alcanza
las congojas rabiosas de los celos.
Causómelos doña Ana.
Vivir yo sin don Juan fuera imposible.
Aseguréle humana.
Redujéle apacible.
Entraste a hacer las tristes escrituras.
Prosiguió mi don Juan en sus locuras.
Temí que si le vieses
descrédito a mi fama honesta dieses.
Resistí tu violencia rigurosa.
Salió, no sé de donde
ni quien le ocultó en casa, aquese conde
que mi opinión lastima.
Mintió Leonor, mintió también mi prima
en lo que falsa alega;
que es ciego Amor y hasta los nobles ciega.
Ocasionóme a enojos
porque en mi vida puse en él los ojos.
Afirmóme Leonor que fiel amigo
de don Juan me procuraba
ver si con tal engaño me libraba
de don Pedro. Por esto que soy, digo,
esposa de ese Carlos.
Salió don Juan celoso.
Multipliqué peligros por obrarlos.
Lo seguro arriesgué por lo dudoso.
La verdad te he propuesto.
El medio elige agora más honesto.
Ya a morir me apercibas,
ya ausente de tus casa vengativas
de Madrid me destierres,
ya entre paredes trágicas me encierres,

	o ya, advertido sabio,
	reduzcas con don Juan a amor tu agravio.
(De rodillas.)	A tus plantas rendida
	la cabeza te ofrezco con la vida.
	Lastime al escarmiento
	la libertad que oprime a un convento,
	a don Juan toda el alma, que si es suya
	forzoso es que a su amor se restituya;
	pero a don Pedro, al conde inadvertido,
	con desdén inmortal eterno olvido.
Alonso	Ya está, indiscreta Elisa,
	en estado tu fama
	que da al remedio prisa,
	y cuando de tu amor la ciega llama
	obligarme pudiera
	a que don Juan te diera,
	de puro pretendida
	ninguno hay que te quiera
	porque vale el honor más que la vida.
	Oculto el conde Carlos
	que en fe de ser tu esposo
	presenta, verdadero o mentiroso,
	testigos que no puedes recusarlos,
	¿de qué suerte pretendes
	que don Juan, a quien amas cuando ofendes,
	arroje a la malicia
	el honor, vidrio al fin tan delicado
	que al aliento no más le mancha, quiera
	vil para todos una vez quebrado?
	Haz el mismo argumento
	del conde que ofendido
	vio salir a don Juan de tu aposento,
	en él por tu imprudencia conducido.

Y mira, cuando amaras
a don Pedro y mi gusto obedecieras,
¿cómo le persuadieras
desmintiendo apariencias que tan claras
nuestra opinión lastiman?
¿Y es bien que tiemblen los que su honra estiman?
Pocos serán mis días.
Presto dará esta pena cabo de ellas.
En Lerma están tus tías.
Déjame con sosiego fenecellos
y vive tú entre tanto
cuando no religiosa, retirada.
Estarás, si no alegre, regalada
mientras Madrid, apetecido encanto,
este desaire olvida
y elegirás, en viéndome sin vida,
a gusto tuyo estado:
ya de don Juan esposa
o ya, con más acuerdo, religiosa.
Segura mi vejez de este cuidado,
prevenirte procura
que Madrid con no verte
al vulgo enfrenará si te murmura,
pues si se olvida todo con la muerte
y la ausencia retrato suyo ha sido,
podrás ausente ocasionar su olvido.

Elisa   ¡Tan sabio medio ofreces!

Alonso   No me agradezcas lo que no mereces.
Por mi honor me reporto.
Ocupa el plazo corto,
Elisa, en prevenirte
porque dentro de una hora has de partirte.

(Vase don Alonso.)

Elisa   ¡Ay, caro don Juan mío,
ofendido te dejo!
¿Cómo es posible si de ti me alejo
yo toda amor, tú todo desvarío,
que no muera impaciente
quien a un tiempo es culpada e inocente?

(Vase doña Elisa. Salen Leonor y doña Ana.)

Leonor   Esto es todo lo que pasa.

Ana   En efecto, ¿que tú fuiste
la que a Carlos escondiste?

Leonor   Oceltéle por ti en casa
y, de ella salgo por ti,
huyendo.

Ana   Mientras la mía
de ti su esperanza fía,
en ella tendrás, y en mí,
la acción que yo. Y, si don Juan
hace caso de su honor
y paga mi honesto amor,
mis dichas te deberán
las medras de nuestro engaño.

Leonor   Ten por cierto que no esté
en Madrid quien más te dé
pesares en todo este año.
Yo vi a sus puertas el coche

con las mulas de camino;
que ha de sacarla imagino
el viejo esta misma noche.

Ana   Logre mis dichas, Amor
y sáqueme de estas olas.

(Sale don Juan.)

Juan   Pésame no hallarte a solas.
Retírate allá, Leonor.

Leonor (Aparte.)   (Bueno se le va poniendo
el ojo al hacha. ¿Ya están
los amores de don Juan
de otro temple? No lo entiendo.)

(Vase Leonor.)

Juan   Doña Ana, yo necesito
de tu amor y tu consejo.
Herido a don Carlos dejo,
castigo de su delito.
Aguardéle en esa calle;
ciego me salió a buscar.
La razón me pudo dar
aceros para sobralle.
Enemigo es poderoso,
peligrosa mi asistencia,
el retirarme prudencia.
Partirme luego es forzoso.
Débote la voluntad
que pagarte no he podido,
cuando más reconocido

no quiere mi adversidad
  que llegue a corresponderla.
El peligro me da prisa;
la poca lealtad de Elisa
ocasión de aborrecerla.
  Sirva el ver que me despido
de ti sola y te doy cuenta
de esta desgracia violenta
de señal si te he ofendido
  que te vengué castigado,
que reconozco tu amor,
que soy de tu fe deudor,
que me ausento enamorado
  deseoso de agradarte
sin recelos de ofenderte,
indigno de merecerte
y resuelto en adorarte.

Ana   No querrá mi suerte airada,
don Juan, ya en mi favor cuerda
que cobrándote te pierda
hoy dichoso, hoy desdichada.
  De Madrid saca mi tío
a Elisa. Si aquí estuviera
tu partida permitiera
porque en efecto no fío,
  viendo la de tus mudanzas.
Si se ausenta y tú te vas
temo que la seguirás;
que con amor no hay venganzas.
  Haga el Conde diligencias
buscándote; que en mi casa
mientras este rigor pasa
desmentirás sus violencias.

En ella es bien te asegure;
que nadie creerá de mí
que por socorrerte a ti
yo mi opinión aventure.
   Este cuarto, ese balcón,
pues en amar te aventajo,
pasándome yo al de abajo
te ha de servir de prisión.
   Sus espesas celosías
registros deslumbrarán
y en ella divertirán
tus penas melancolías.
   No hay padres a quien temer;
de mis acciones soy dueño.
Ocultándote te empeño
nuevamente. Esto has de hacer
   y, si no, daré noticia
antes que salgas de aquí
a la justicia de ti.

Juan
   ¿Para qué, mi bien, justicia
   donde reina la piedad,
donde triunfa tu firmeza?
Si es mi alcaide tu belleza
mi prisión es libertad.
   Mas témome de Leonor
que me vio entrar.

Ana
     No hay temella.
Téngola grata y por ella
se ha de lograr nuestro amor.
   De casa no ha de salir
ni la permitiré hablar
con otros, pero cuidar

de tu regalo, asistir
   a lo que hayas menester.
Eso sí. Vínose huyendo
de la de Elisa y pretendo
que no lleguen a entender
   que apruebo sus demasías.
Mis criadas callarán
también porque, en fin don Juan,
te quieren bien por ser mías.

Juan   Tú lo dispones de suerte
que en las dichas que intereso
soy ya dos veces tu preso.

Ana   Libros en que entretenerte
   hay sobre ese contador
y aderezo con que escribas
versos, que a Elisa apercibas,
mientras que viene Leonor
   a traerte de cenar
y a disponerte la cama.

Juan   La aurora aljófar derrama.
Tarde es para reposar.

Ana   No tienes en qué ocuparte.
Los presos duermen de día.

Juan   Desvela amor, Ana mía,
y amo yo.

Ana   Quiero cerrarte
   que te temo fugitivo.

(Cierra con llave.)

Juan
Si me buscare Coral,
fíate de él que es leal.

Ana
Adiós, pues, dueño cautivo.

(Vase doña Ana.)

Juan
Deleita el color verde, que consiste
entre el blanco y el negro, y la Esperanza
le elige porque el medio y punto alcanza
perfectamente de lo alegre y triste.
Pobre de él si el color negro le viste
y le enluta tal vez su destemplanza,
pues le imposibilita su mudanza
que el medio alegre que perdió conquiste.
Lo mismo pesa en la pasión celosa
que entre amor y temor alcanza el medio
y alegrando tal vez, tal entristece.
Ya es imposible amarte, Elisa hermosa,
mi esperanza enlutaste. ¡No hay remedio!
¡Qué mal puede esperar quien aborrece!

(Abre Coral y entre.)

Coral
Déjame la llave y vete
a tus haciendas, Leonor.
Aunque siendo haciendas tuyas
no tendrán mucho de Dios.

Juan
¡Oh, mi Coral, bien venido!

Coral
Coral y tan tuyo soy

que esta vez he de quitarte
todo el mal de corazón.
Déjame cerrar la puerta.
Retirémonos los dos
donde, ya que nos acechen
no nos oigan. Atención:
después que al coso saliste
picado del garrochón
de los celos, si no toro
torote atropellador,
de lo roso y lo velloso,
y tu furia nos abrió
el toril o el aposento...
sigo mi comparación
pues toros y desengaños
con una misma armazón
de cabeza nos lo vende
la experiencia su pintor.
Sin osarme rebullir
ovillo de mi temor,
tuve envidia en las paredes
a las letras de carbón,
deseando transformarme
en ellas con saber yo
ser cartapacio del necio
y sátira del lector.
Temblando, en fin, de valiente,
telaraña de un rincón,
me juzgaba palatino.
Del viejo a la primer tos
cuando después que te fuiste
cada cual competidor
sarpullido de tus celos,
le dio a tu dama un jabón.

Quedaron ella y su padre...
¡Ya ves qué tales los dos!
Como en las uñas del gato
el ánima del ratón,
él suspenso, ella turbada.
Fue el miedo tan orador
como en las mujeres se usa
que el peligro es Cicerón.
Ponderó lo que te amaba,
tus finezas, tu valor,
la tempestad de tus celos,
lo limpio de tu afición
y que próvida en no dar
sospechas al pundonor
en los que a vistas vinieron
a esconderte te obligó.
Que a don Pedro aborrecía
más que el búho el resplandor,
al buen año el avariento,
a la Hermandad el ladrón.
Juró como un catalán
no saber quien ocultó
a aquel Conde entremetido,
de nuestra paz Galalón,
que ni de él tuvo noticia
ni en su vida le dignó
la memoria ni aun los ojos.
Mas que, a pura persuasión
de doña Ana que la dijo
ser tu amigo protector
y querer con tal engaño
redimir su vejación,
concedió con su embeleco,
y cerró la confesión

con ofrecer a su espada
el cuello todo candor.
Oyóla pro tribunali
el viejo ponderador,
resolviéndose después
de media hora de sermón
en que había de llevarla
a Lerma antes que, veloz,
diese el alba afeite al Prado
y a su oriente bermellón.
Entró a prevenirse Elisa.
El viejo aprestar mandó
el coche con dos criados
y, entre tanto... oye el mejor
caso que escribió poeta
que, a serlo a fe de quien soy,
que sin mendigar asuntos
yo enriqueciera a un autor.
Entre tanto, como digo,
por un pariente envió,
confidente de su casa,
celoso de su opinión.
A éste, pues, en puridad
le dijo: «Álvaro, yo estoy
resuelto a honrar con la sangre
del Conde mi sucesión.
Persuadir que trueque Elisa
en desdén la inclinación
que a don Juan tiene es querer
que el abril viva sin flor.
Fiado, pues, en el tiempo
cuya cuerda dilación
muda afectos y apetitos,
he fingido que llevo hoy

a un monasterio de Lerma
a Elisa, en cuya prisión
escarmiente rebeldías
y llore su obstinación.
Sacaréla luego al punto
de la corte y, yendo yo,
Dorotea y Alvarado
con ella, sin permisión
que a persona comunique,
ni vea aun el resplandor
del cielo con las cortinas
echadas. Mi prevención
estriba en que ignore el pueblo
que ha de darla habitación.
Llegaremos de esta suerte
a la una o a las dos
a sestear a las ventas
que llaman de Torrejón.
Retiraréla a una cuadra
hasta que cubra de horror
la noche nuestro hemisferio
y, siguiendo mi ficción
daremos vuelta a Madrid
persuadiéndola que estoy
resuelto a que viva oculta
en Illescas, donde vos
ya esperáis a instancia mía
mientras la murmuración,
sepultada en el olvido,
no lastime nuestro honor.
Vendrémonos tan despacio
que entremos cuando el rumor
y bullicio de la gente
no pueda darla ocasión

para advertir que a la corte
mi engaño la restauró.
Vos, don Álvaro entre tanto,
en fe que mi amigo sois
y que en vuestra lealtad tengo
antigua satisfacción,
despejando aquesta sala
de cuanto adorno la dio
la calidad de mi estado
y de mi haciendo el valor,
cuadros, colgaduras, sillas,
escritorio, contador,
cama, estrado, sin que quede
un clavo que dé ocasión
a que reconozca el sitio,
pediréis al corredor
Pedro de Ávila, el que vive
junto a la Puerta del Sol,
que os alquile por un mes
otra tanta ostentación
que de modo la disfrace
que no la conozca yo.
Retirada en ella Elisa,
y las puertas del balcón
clavadas, dando la luz
la vidriera superior,
ni creerá que está en la corte
ni viéndola sino vos.
Hará don Juan diligencias
que despierten su afición.
Solicitaré entre tanto
que el Conde, que sospechó
mal del desaire pasado,
haga cuerda información

de la honestidad de Elisa
y, buscando intercesor
poderoso, si es su amante
lograré mi pretensión».
Esto dijo, esto escuché,
temeroso acechador,
por el hueco de la llave.
Esto mismo prometió
el amigo confidente
partiendo a su ejecución
como el coche a su jornada.
Salí a tiento a un corredor.
Topé con una escalera.
Hasta un patio me guió.
Di desde él en un corral.
Salté por un paredón.
Supe que el Conde huyó herido.
Mi lealtad adivinó
que estabas en esta casa.
Doña Ana abrirme mandó.
Y la noche que se sigue
volverá a la posesión
de su cuarto nuestra Elisa.
Si permanece tu amor,
pared en medio la tienes,
Tisbe y Píramo los dos.
No os veréis por reendijas
más de balcón a balcón.
Para que os comuniquéis
con toda circunspección
sin riesgo de la conciencia,
que eso no lo quiera Dios,
traza tengo imaginada
que ha de hacerme arquitector

balconero con que admire
al artífice mayor.
Ya sabes mi habilidad.
Mi ingenio es ensamblador.
Lo que te quiero infinito.
Consulta a tu suspensión
durmiendo agora sobre ello
si te estará bien o no;
que después queda a mi cargo
el lograr esta invención.

Juan
Coral, cosas me refieres
que, al paso que nuevas son,
causan en mí novedades
extrañas.

(Sale doña Ana.)

Ana
Entra, Leonor,
que es hora que don Juan cene.

Juan
Coral, abre.

Ana
Pues, señor,
¿cómo os va de carcelaje?

Juan
Doña Ana, ¿cómo con vos?

Ana
Tarde es para que cenéis,
almorzar será mejor
y reposaréis de día.

Juan
No hay plato de igual sazón
como el ver vuestra belleza.

Ana   Venid.

(Aparte a Coral.)

Juan   Coral, vuelva yo
                       por ti a la gracia de Elisa
                       y mi hacienda a tus pies pon.

                       Fin de la segunda jornada

Jornada tercera

(Sacan en una silla de manos, cerrada la puerta, a doña Elisa. Salen don Alonso, Leonor y don Álvaro, y en saliendo doña Elisa en cuerpo, meten los mozos la silla.)

Alonso   Abre a esa silla la puerta.
                        Volveos con ella los dos.
                        ¿No sales?

Elisa   Gracias a Dios
                        que respiro.

Alonso   Elisa, advierte
                       tu temosa condición,
                        que mientras no la mudares
                        y más cuerda me obligares
                        ha de durar tu prisión
                        lo que durare mi vida.
                        ¡Presto la consumirás!
                        Todos sospechan que vas
                        a Lerma. Traza es fingida
                        para que no sepan donde
                        te niego a sus diligencias.
                        ¡Extraño tus resistencias!
                        Ni de don Pedro ni el Conde
                        te satisfaces. Don Juan
                        no ha de ser tu esposo. En esto
                        no hay que hablarme. Si has dispuesto
                        darme disgustos, tendrán
                        aquí los tuyos castigo.
                        Si intentas que no me arroje
                        a más extremos, escoje,
                        consultándole contigo,

o a don Pedro o a don Carlos;
que aunque éste está receloso
de lo que vio, es generoso.
Medios hay, yo sabré hallarlos,
   que le aseguren verdades.
Al instante he de volverme
a Madrid. No esperes verme
mientras tus temeridades
   no mejoren de consejo.
De don Álvaro te fío.
Ésta es su casa, él su tío.
En su vigilancia dejo
   librada la ejecución
que a tu inquietud tanto importa
y en tu mano el que sea corta
o prolija esta prisión.

(A don Álvaro.)   Primo, nadie ha de saber
de Illescas, quien vive aquí.
En la corte os advertí
   lo que en esto se ha de hacer.
   Vos la traeréis la comida
y Leonor la guisará
ya que a vuestra instancia está
en casa otra vez. La vida
   me va en esto si por vos
surte mi esperanza efeto.
Avisaréisme en secreto
porque vengamos los dos
   y se concluya esta empresa;
mas nadie espere de mí
que Elisa salga de aquí
si no es difunta o Condesa.
   Cerrad y venid, que es hora
de partirme.

Álvaro	Ejecutor
	he de ser de este rigor.
	Mirad lo que hacéis, señora.

(Vanse los dos y cierran con llave por de dentro.)

Elisa	No sé si diga que siento
	el verte en mi compañía
	más que cuanta tiranía
	oprime mi pensamiento.
Leonor	Suerte es de los desdichados
	que yerran en cuanto emprendan,
	con los servicios ofendan
	e indignan con los agrados.
	Doña Ana con las malicias
	de don Carlos me engañó.
	Merezca, señora, yo
	perdón siquiera en albricias
	de que está aquí tu don Juan.
Elisa	¿Qué dices?
Leonor	Que a Illescas vino,
	tú el norte de su camino
	y él tras ti tu piedra imán.
	Disfrazado en labrador
	supo desmentir espías.
	¿Quién duda que le verías?
Elisa	¿Cómo, si hasta el resplandor
	del cielo mi padre airado
	me limitaba? De noche

no nos permitió que al coche
corriesen un encerado.

    Yo a la popa, él junto a mí;
de día en una posada
tan oculta y retirada
que aun los huéspedes no vi.

    Tan celoso impertinente
que no te podré dar señas
de si en el camino hay peñas,
de prado, de arroyo o fuente.

    Y apenas llegué a esta villa
cuando me sale a la puerta
también para mí encubierta
de esta posada una silla.

    Y entrando a escuras en ella,
para que todo lo dude,
aun la escalera no pude
ver cuando salí por ella

    en la más cruel prisión.
¡Leonor, los presos no ven!

Leonor   ¡Y como que el querer bien
no es caso de inquisición!

    Él, en efecto, está aquí
y yo con él disculpada.
El Conde, que interesada
me juzga, volvió por mí

    y pidió que te asistiese
con cargo de ponderarte
que su vida es adorarte.
Doña Ana, para que hiciese

    que de don Juan te olvidases,
también por mí ha intercedido
y los dos me han ofrecido,

como con Carlos te cases,
     dote y ajuar; pero yo
que contigo me crié
y por experiencia sé
que el cielo te destinó
     a quien solo te merece,
resuelta en morir contigo
al cielo doy por testigo
de lo que mi fe te ofrece.

Elisa   Leonor, el presente es tal
que descubrirá quien eres.

Leonor   Tarde es. Si reposar quieres,
durmiendo se templa el mal.
     Cama y alcoba hay curiosa
que autorizan a su dueño.

Elisa   Con pesadumbres no hay sueño.
Poco siente quien reposa.
     Rezaré un rato primero
y entrarásme a desnudar.

Leonor   ¿Enamorada y rezar?

Elisa   ¿Qué dices?

Leonor   Que aquí te espero.
(Vase Elisa.)   Disponiéndose van bien
de Coral las invenciones.

(Saca muchas llaves en un llavero.)

Fióme sus intenciones

95

y quiérole un poco bien.
    Agora falta probar
si entre tanta multitud
de llaves tendrá virtud
alguna para burlar
    la impertinente quimera
del viejo en nuestra prisión;
porque con llave al balcón,
sin ver la calle siquiera
    es morir. No sé qué traza
me contó Coral que hacía
con que en el balcón podía
sacar su tramoya a plaza.
    Él es medio carpintero
y diversas cosas sabe;
mas, ¡las ventanas con llave!
Sus industrias desespero.
    Si Amor, que su imperio muestra
en la mayor apretura,
no alivia nuestra clausura...
Ésta pienso que es maestra.
    Voyle a probar entre tanto
que cumple sus devociones
Elisa. Hermanos balcones,
juntaos y sea por encanto.

(Vase y salen don Juan y Coral.)

Coral   Viento en popa navegamos
por el paraje común
de los que nacen de pies,
la Fortuna te hace el buz.
Ya tu Elisa está en su casa
puesto que de mancomún.

Su padre y su confidente
la hacen creer, en virtud
de que su esposo no seas,
que está en Illescas según
escuché trazarlo anoche
a la avara senectud
de su padre. Fuera duerme
doña Ana, que la avestruz
de la muerte le ha sisado
a su tía la salud.
No volverá según esto
hasta que del ataúd
del ocaso libre el Sol
dé al oriente nueva luz.
Encajado el pasadizo
que de mi solicitud
e ingenio es prueba, al balcón
que ha de ser nuestro arcaduz
por más que encarcele el viejo
a tu Elisa. Si tahúr
eres, a figura estás
yendo a primera de flux.
Llégate a ver la tramoya.

Juan

Si salieses, Coral, tú
con esa traza, no tiene
bastante plata el Perú
para premiarte el ingenio.

Coral

Ya es paga la ingratitud.

Juan

Las ventanas están altas,
la calle toda inquietud,
los vecinos maliciosos,

	honra y peligro...

Coral   ¡Jesús!
         ¿De cuándo acá eres cobarde?
         Calóse el cielo el capuz
         con que se enluta la noche
         sin verse un jirón azul.
         Durmiendo la vecindad,
         la Luna en el mar del sur,
         y ¡tú amor con tembladeras!
         ¡Qué animosa juventud!

Juan   ¿Si nos derriba en la calle
         tu estratagema?

Coral   ¿Pues tú
         dudas mis habilidades?
         Siendo Merlín andaluz
         todo yo soy sutileza
         si no me desmiente algún
         mentecato de la corte.
         Pues el Sol no nace aún,
         ven y verás mis desvelos.

Juan   ¡Oh, Amor, si sacas a luz
         mi esperanza, deberánte
         mis sentidos su quietud!

(Vanse don Juan y Coral. Sale Leonor con una llave de loba.)

Leonor   Hechicera es esta llave.
         No hay para ella prevención.
         Abrí al instante el balcón.
         Por la puerta también cabe

de la sala que he ya abierto.
Deberále a mi artificio
don Juan todo este servicio,
pues con él su amor despierto.

(Sale Coral.)

Coral
      Dóysela al mismo Arquimedes
si es hombre de tres la una.

Leonor
¡Ay, Jesús! No me has dejado
gota de sangre.

Coral
      Las brujas
como tú, por tener poca,
dicen que a los niños chupan.

Leonor
¿Por dónde entraste?

Coral
      A la chanza
de un tablón se lo pregunta.
Sacabuche balconero
cuyo cuello como grulla
ya se extiende, ya se encoge,
y celebrando mi industria
en el tuyo se incorpora
con invención tan segura
que pueden pasar por él
los chapines de una viuda.
Puentes sé inventar de encaje.

Leonor
Sí, pero Coral, ¿quién duda
que en viéndolo los que pasan
nuestra opinión no destruyan?

Coral	Anda, que estás hoy modorra.
	Ya te digo que se excusa
	todo registro mirón;
	pues cuando el Sol y la Luna
	quieran hacer de él alarde,
	retirándole se oculta
	del modo que la naveta
	del escritorio; que ocupa
	el espacio de su hueco.

(Sale Elisa.)

Elisa	Si no hablas con las pinturas,
	Leonor, ¿con quién te entretienes?
	¡Jesús! Coral, ¿tú aquí?
Coral	Triunfan
	sutilezas amorosas
	de impertinencias caducas
	y éntrase por cualquier parte
	Amor, que es deidad desnuda.
Elisa	Bien; mas ¿con llave las puertas?
Coral	Para Amor no hay cerraduras;
	que como es su padre herrero
	le enseña a forjar ganzúas.
Elisa	¿Por dónde has entrado? Acaba.
Coral	Prestóle al Amor sus plumas
	a un balcón que por los vientos,
	sirviéndome de chalupa,

tomó puerto en esta sala.

Elisa   Habla veras, deja burlas.
                         ¿Quién te dijo que en Illescas
                         estaba yo?

Coral   Amor, lechuza,
                         que escondiéndose del Sol
                         te supo seguir a escuras.
                         En Illescas y en la corte
                         estás a un tiempo y, sin culpa,
                         presa en tu mismo aposento
                         él de don Álvaro ocupas.
                         Con caminar ocho leguas
                         no has caminado ninguna
                         y huéspeda de tu casa
                         gozas lo mismo que buscas.
                         Si quieres averiguar
                         todas estas garatusas,
                         abre al balcón las ventanas,
                         repara el modo y figura
                         de la sala en que te prenden,
                         mira esa alcoba o estufa,
                         las bovedillas del techo
                         que en Illescas poco se usan,
                         esas puertas y paredes
                         que como los trajes mudan
                         cual danzantes se disfrazan
                         con ajenas colgaduras.

(Sale don Juan.)

Elisa   ¡Ay, cielo! ¿En la corte estoy?

Juan	En la corte y en mi pecho de quien por justo derecho todo el dominio te doy. ¡Ay, dueño de mi esperanza! ¿Tú, por mí, sin libertad?

Elisa	Don Juan, la felicidad
	de veros con la templanza
	  que mis firmezas merecen
	desazona el no saber
	misterios que llego a ver
	e imposibles me parecen.
	  ¿Por dónde entrasteis aquí?
	¿Cómo penetráis clausuras?

Juan	Solo en Coral las locuras son provechosas.

Coral	Por ti
	  mi ingenio se sutileza
	pues de tu amor instrumento
	te fabriqué sobre el viento
	una puente levadiza
	  por donde el balcón vecino
	y el tuyo se dan las manos.

Juan	Los celos, tal vez villanos,
	y Amor todo desatino
	  prenda mía, me obligó
	a que al Conde ingrato hiriese
	y, del favor se valiese
	que doña Ana me ofreció.
	  Huésped de su casa he sido,
	tiernamente regalado.

Supe cuanto ha maquinado
tu padre y que el Conde herido,
  más dichoso que leal,
aunque cirujano llama
ni peligra ni hace cama
por ser tan poco su mal;
  que sin encarnar la espada
al soslayo le pasó
un brazo. No la guió
bien mi ofensa provocada.
  Ya tendré por ignorante
a quien en la sangre afirma
que Amor su imperio confirma,
pues el Conde más amante
  después de vertida tanta,
con más veras te pretende,
con más afectos se enciende,
con más recelos me espanta.
  Tu padre, porque te adoro,
a su amor rendirte trata;
que siempre canas de plata
siguen los pasos del oro.
  Doña Ana lo solicita,
tus deudos se lo aconsejan,
mis esperanzas me dejan,
solo tu fe me acredita.
  Mas, ¿cómo podrá vencer
contra tanto tu valor,
un Conde competidor,
yo infelice y tú, mujer?

Elisa   ¡Medio con tiempo has hallado
para el mal que te lastima!
¡Huésped, don Juan, de mi prima

«tiernamente regalado»!
    Tú lo confiesas así,
los riesgos experimentan
finezas que el fuego alientan
que casi apagado vi.
    ¿De su casa te valiste
cuando en la corte tenías
amigos de quien podías
fiar? ¡Temores! Ya hiciste
    de tu fe más confianza
que de muchos que pudieras
y, si tú la aborrecieras,
no alentaras su esperanza.
    Tu amor, don Juan, satisfaga
empeños de mi enemiga
pues el noble que se obliga
ya se dispone a la paga.
    Vete que, si te echa menos,
ha de venir a buscarte
y, si aquí llegase a hablarte,
no excusas.

Coral   ¡Rayos y truenos!
                    ¿Qué más decir! Fuera duerme
la tal doña Ana; una tía
se le muere. ¡Qué buen día!
¡Ojalá con ella enferme
    todo el tiazgo de España,
con toda madrastra y suegra!

Leonor   Si el ver a don Juan te alegra
                    ¿qué miedo tu gusto engaña
                    o para qué es el enojo?

(Dentro.)

Alonso   Esperadme, Conde, aquí.

Elisa   ¡Ay, cielo! ¿Es mi padre?

Leonor   Sí.

Coral   Al pasadizo me acojo.
                         Sígueme, don Juan.

Juan   Mi bien,
               sin causa de mi fe dudas.

Elisa   Si de alojamiento mudas
               creeré que me quieres bien.

Juan   Mudaréme al punto.

Coral   Acaba.

(Vanse don Juan y Coral.)

Elisa   Cierra con llave, Leonor,
               la ventana.

(Vase Elisa.)

Leonor   Mi temor
               echó a la puerta la aldaba.

Alonso   ¡Hola, abrid aquí!

Leonor   ¿Quién es?

(Abre y sale don Alonso.)

Alonso   Si yo por de fuera cierro
                ¿para qué es prevención tanta?

Leonor   Para que quien entre dentro
                no nos halle de improviso
                en civiles ministerios
                imposibles de excusarse.

Alonso   ¿Duerme Elisa?

Leonor   Está cumpliendo
                cristianas obligaciones.

Alonso   Di que salga.

Leonor   Pues, ¿tan presto
                dio vuelta vuestra Merced
                de Madrid?

Alonso   Déjate de eso
                y llámala.

(Sale Elisa.)

Elisa   Pues, señor,
                ¿has hallado modos nuevos
                con que añadirme pesares?
                ¿Mudaste ya de consejo?
                ¿Quedósete algo olvidado?
                Que yo te estaba midiendo
                dos leguas de aquí el camino.

¿A qué vuelves?

Alonso	Ya no es tiempo
	de proseguir invenciones.
	Hija, solo los recelos
	de que don Juan te inquietase
	determinarme pudieron
	a persuadirte que estabas
	en Illescas; mas supuesto
	que ya no nos hace estorbo,
	que estás en Madrid te advierto
	en tu casa y en tu cuarto.

Elisa   ¿Dónde?

Alonso   En tu casa. Esto es cierto.

Elisa   Pues toda esta ostentación
             ¿de dónde vino?

Alonso   Todo eso
             y más hallan en la corte
             diligencias y dineros.
             Acudamos a lo más
             y no gastemos el tiempo
             en lo que menos importa.
             Don Juan, perdido de celos,
             hirió ante noche a don Carlos
             y sospechándole muerto,
             se valió de doña Clara
             en cuya casa secreto,
             por ser de doña Ana tía,
             y heredarla en fe del deudo
             que hay entre ellas, envió

por tu prima y convinieron
en que don Juan se ausentase
quedando los dos primero
desposados. Ya te constan
los amorosos extremos
que don Juan debe a doña Ana.
Supo estos tratos don Pedro
y tuvo de ellos envidia
porque en fe de tus desprecios,
olvidándote mudó
en tu prima pensamientos.
Dióse aviso de todo al Conde,
deseando a don Juan preso,
y hallóle herido en un brazo;
mas, gracias a Dios, sin riesgo.
El Conde, pues, que te adora
juzgó generoso y cuerdo
que casándose doña Ana
con don Juan, hallaba medios
con que obligarte a su amor
y anteponiendo deseos
a venganzas, fue esta noche
a ver a don Juan, saliendo
con tantas veras su amigo
que a instancia suya se dieron
doña Ana y don Juan las manos,
unos y otros tan contentos
que enviándome a llamar
testigo he sido y tercero
en casa de doña Clara
de finezas y de afectos.
Mañana han de desposarse
y el Conde, que por ti ha puesto
la vida, viene conmigo.

¡Ya ves lo que le debemos!
Si noble su amor admites,
deberáste tu remedio,
deberáste tu quietud,
deberéte mi sosiego.
No me des más pesadumbres.

Leonor (Aparte.)   (¡Jesús Cristo! ¡Los enredos
que ha tejido en un instante!
¡Válgate la trampa el viejo!)

Elisa   Cosas, señor, me refieres
que las presumiera sueños
a no ser quien las afirma
tan digno de fe y respeto.
¡En la breve duración
de un día tantos sucesos!
¡Tanta mudanza en don Juan!
¡Tan poco amor en su pecho!
¡Yo mujer y por su causa
amenazas resistiendo,
menospreciando peligros,
atropellando destierros,
y el hombre ausente doce horas
sombra leve, cera al fuego,
pluma al aire, corcho al agua,
flor de agosto, Sol de febrero!
¡Alto, Amor desvanecido
al uso del siglo andemos!
Lo que arruinaron engaños
reedifiquen escarmientos.
Subordinada a tu gusto
y obediente a tus preceptos
al Conde Carlos admito.

(Abrázala.)

Alonso

¡Agora sí que en tu cuello
como la hiedra en el olmo
mil años rejuvenezco!
Aquí está, voy a llamarle.
¡Qué buenas nuevas le llevo!

Elisa

¿A estas horas? No señor.
Mañana con más sosiego
dispuesta el alma a servirte
podrá venir.

Alonso

   Bien, no quiero
apresurarte; mas mira
que, pues quedamos en esto,
no me saques mentiroso.

(Vase don Alonso.)

Leonor

Señora, ¿qué es lo que has hecho?

Elisa

Leonor, ¿qué sé yo? ¿Qué quieres
de un alma toda recelos
que entre engaños que ha escuchado
duda verdades? ¡Que tiemblo!
Don Juan adoró a doña Ana.
Apariencias le ofendieron
del Conde en mi casa oculto,
hirióle, ausentóse, y temo
que escondiéndose en la suya
siendo huésped, es ya dueño.

Leonor	¿Hay discursos más perdidos? ¿No adviertes los embelecos que tu padre ha sancochado?
Elisa	Sí, pero también entre ellos mezcló, Leonor, certidumbres.
Leonor	Si lo fueran ¿a qué efecto entrara a verte don Juan?
Elisa	¿Eso dices? Amor, nieto del mar, padre de mudanzas, como él hace a todos vientos. Si dio la mano a mi prima y supo que me había vuelto después mi padre a mi casa ¿es mucho que envidie ajeno lo que juzgaba por propio? ¿No afirmó Coral —¡ay, cielos!— que estaba ausente doña Ana? ¿La enfermedad no fingieron de doña Clara su tía? ¿No dijo mi padre luego que en su casa ella y el Conde terciaron en los conciertos? ¡Que recelan mis agravios!
Leonor	Pues ¿qué sacas de todo eso?
Elisa	Que en casa de doña Clara están todos, esto es cierto, trazando sus desposorios. Porque sepas que no miento, abre, Leonor, dame un manto.

Leonor	¿Para qué?
Elisa	Las dos iremos, o yo sola que es mejor, quedándote tú aquí dentro y, si a don Juan hallo en su casa, culparé los desaciertos de mis celosos temores; mas si no, cuanto sospecho es sin duda.
Leonor	¿Y no reparas que han de conocerte luego las criadas de tu prima?
Elisa	Todos estarán durmiendo. La casa es de vecindad. Hallaré el portal abierto. Solo en el cuarto de arriba vive don Juan casi preso. Fingiré que soy doña Ana, abriráme y trazaremos, si se engañan mis malicias, los dos el mejor acuerdo que asegure mis temores.
Leonor	Ciega estás.
Elisa	Estoy sin seso.
Leonor	Pues ¿dónde habemos de hallar el manto si entraste en cuerpo desde el coche hasta la silla?

Elisa	Mantos hay en mi aposento y baúles. Baja a abrirlos.

Leonor	Vamos; que apaciguar celos es pedir peras al olmo.

Elisa	Leonor, avisa en sintiendo a mi padre.

Leonor	¿Yo? ¿Por dónde?

Elisa	Tendrá el pasadizo puesto Coral, y desde el balcón me llamarás.

Leonor	En efecto ¿das en creer disparates?

Elisa	Dúdolos si no los creo.

(Vanse las dos y salen don Alonso, don Pedro y el Conde, con banda.)

Conde	Escondido y atento escuché su amoroso sentimiento, y que ofreció discreta ser dueño mío si doña Ana aceta a don Pedro, y olvida a don Juan. Pues nos consta su partida a Valencia, no queda inconveniente que estorbarnos pueda.

Alonso	La elección que en su amor don Pedro ha hecho nos obliga a ayudarle.

Pedro	Satisfecho
	de su honesta hermosura
	desde que fui su huésped, mi ventura
	a adorarle me inclina.
Alonso	Seguirá mis consejos mi sobrina
	pues por padre me tiene.
	Además que avisarla me conviene
	de todo este suceso
	pues al fin que intereso
	estriba en que a su prima persuada
	que con don Juan su boda concertada,
	será muy venturosa
	si con ella don Carlos se desposa.
Pedro	Cuidad de exagerarla
	lo mucho que me esmero en adorarla,
	lo que pienso servirla.
Alonso	A mí me está tan bien el persuadirla
	la suerte que no espera;
	que cuando no por vos por mí lo hiciera.
	Hallaréla dormida;
	mas no importa. Despierte; que sabida
	la nueva que he de darla,
	lisonja pienso que es el despertarla.
Conde	Sí, porque esto de bodas
	hará en ella el efecto que hace en todas,
	pues por verse en el tálamo risueño
	querrá más a un marido que no a un sueño.

(Vanse y salen doña Elisa con manto, don Juan y Coral.)

Elisa	Todo esto pueden sospechas si bien hallándoos aquí del alma las despedí.
Juan	Como están ya satisfechas; aunque tormentas deshechas fulmine en el mar de amor la Fortuna, que turbar mis esperanzas procura, Santelmo vuestra hermosura, no han de poderme anegar. Sentaos un rato. Tracemos ardides con que podamos vencer, aunque padezcamos inclemencias que tememos.
Elisa	Don Juan, prevenir extremos de un padre todo violencia, a costa de la paciencia es forzoso. Yo me voy.
Juan	Mirad que en la gloria estoy estando en vuestra presencia. A estas horas, ¿qué teméis?
Elisa	Temo, don Juan, el cuidado de un padre que desvelado Argos en mi ofensa veis.
Juan	¿Por el balcón os iréis?
Coral	Yo le voy a prevenir entre tanto; que el zafir

del cielo llama a la aurora.

(Vase Coral.)

Juan   Merezca quien os adora
                        solo este rato vivir.

(Siéntanse los dos.)

Elisa   Es la Fortuna inhumana
                        de mi paz tan enemiga
                        que cuanto más nos persiga
                        se ha de juzgar más ufana.
                        Mi padre, el Conde, doña Ana,
                        don Pedro, todo el poder
                        de los hados ¿qué han de hacer
                        en tantos riesgos mis llantos
                        si perseguido de tantos
                        os dejáis, don Juan, vencer?

Juan   Yo vi en el mar descubierta
                        una roca perseguida
                        de un piélago, que homicida
                        cerró al socorro la puerta;
                        cuantas más olas despierta
                        menos logra su furor
                        porque sobre ella mi amor
                        cantaba por divertirme,
                        a más combates más firme,
                        a más riesgos más valor.
                            Yo vi que un cierzo quería
                        apagar una centella
                        porque sobre un roble estrella
                        de los vientos se reía;

cuanto más la perseguía
aumentaba más su llama
porque emprendida en la rama
vino a abrasar todo el roble;
que en los peligros el noble
teme menos y más ama.
    Roca soy, Elisa hermosa,
persiga, asalte, combata
el mar que anegarme trata.
Saldrá mi fe más airosa.
Centella soy animosa.
No hay tempestad que me espante;
que Amor, atrevido infante,
de la quietud incapaz,
sin riesgos siempre es rapaz
pero con ellos gigante.

(Sale don Alonso.)

Alonso   ¡Con luz y abierta la sala!
                    Madrugado ha mi sobrina.

Elisa   Éste es mi padre. ¿Si en casa
                    me echó menos? ¡Qué desdicha!

(Échase el manto y levántase don Juan.)

Juan   Cubre la cara y no temas.

Alonso   ¡Don Juan!

Juan   ¿Mandáis en qué os sirva?

Alonso   ¿Qué hacéis vos en esta casa?

Juan	Experiencias de quien digna
	es de alabanza su dueño,
	pues noble a su amor me obliga.

| Alonso | ¿No os íbades a Valencia? |

Juan	Es poca causa una herida
	de mi agravio ocasionada
	para ausencia tan prolija.

| Alonso | ¿Qué es de doña Ana? |

Juan	Llevóla
	la enfermedad de su tía
	para que como heredera
	a su testamento asista.

| Alonso | ¿Qué veo? ¡Válgame Dios! |

| Juan | ¿Qué os ha dado? |

Alonso	¡Pues, Elisa!
	¿Tú a tal hora y en tal parte?
	¿Así mi honor precipitas?
	¿Así tu fama atropellas?
	¿Así mi sangre lastimas?

| Juan | ¿Qué decís? ¿Estáis en vos? |

Alonso	¿Cómo? ¿Qué queréis que diga?
	¿Quién estar en sí pudiera?
	¡En vuestra sangre, en su vida,
	satisfacer mis deshonras!

¿Así tu opinión estimas?
¿Así tu recato infamas?
Con alguna llave hechiza
falseaste mis cuidados,
franqueaste tus malicias.

Juan   Volved, señor don Alonso,
en vos. Que es grande desdicha
que vejez tan venerable
de su prudencia desdiga.
Si sacasteis de esta corte,
dos noches ha, a vuestra hija,
si os ofendió nuestro amor,
si agora a Lerma camina,
¿quién vuestros discursos ciega?
¿Quién os altera la vista?
¿Quién quimeras os retrata?
¿Quién apariencias os pinta?
Advertid que esta señora
como a preso me visita,
como a solo me acompaña,
como a su amante me estima.
Quiéreme bien tiempos ha,
y aunque mal correspondida
se lastimaba de ver
que entre hipócritas caricias
el abril se malograse
de mi juventud cautiva
en el Argel lisonjero
de quien cuando engaña hechiza.
Supo anoche que experiencias
cuanto costosas propicias
en brazos del escarmiento
del golfo al puerto me libra.

119

Visitó agora a doña Ana.
Refirióla cuán precisas
obligaciones me empeñan.
Conjuróla como amiga
que a su amor me redujese
si ya según la decían
no intentaba competencias
que ocasionase su envidia.
Halló en ella protectora
recibiéndola benigna,
alentándola discreta,
hablándola compasiva.
Entraron juntas a verme,
intimáronme las dichas
que con mi cuerda mudanza
se me siguen de servirla.
Fue a ver doña Ana a su enferma
y, mi fe reconocida
a un amor tan generoso,
como halle en su hermosa vista
contrahierba a mis desvelos,
que se quede la suplica
conmigo un rato, fiadora
de su honor mi cortesía.
A este tiempo entrasteis vos,
y del modo con que mira
por cristales de colores
juzga de la especie misma
todas las cosas que advierte,
los cuidados que os lastiman
os hacen creer que son
cuantas damas veis Elisas.
Doña Ana quiere a don Pedro,
el Conde los patrocina.

Los dos tratan desposarse.
Sus esperanzas estriban
en vuestro consentimiento.
Ausente está de esta villa
vuestra ingrata sucesora
¿qué ocasión, pues, os incita
a desbaratar acciones
de vos tan apetecidas?

Alonso   ¡Persuadirme que estoy loco
para que mejor se finja
vuestro engaño, que aunque viejo
no está la sangre tan tibia
en mis venas que no baste!

Juan   Sosegaos, señor.

Alonso   Malicias
semejantes no merecen
quietud si no se castigan.
¿A mí negarme evidencias?
¡Aquel manto, la basquiña,
el talle, la misma voz
que escuché cuando subía
conozco!

Juan   ¡Qué extraño tema!
¿No habrá en Madrid quien se vista
de la mima suerte que otras?

Alonso   Si puedo con descubrilla
convencer vuestros enredos
¿qué aguardo?

(Quiere destaparla y detiénele don Juan.)

Juan
No se averiguan
en desdoro de las damas
recelos con demasías.
Suspended cortés la mano
o no os guardarán las mías
la noble veneración
a que las canas obligan.

Alonso
¡Negadme el que vea su cara!
¡Que esos colores confirman
los indicios de mi agravio!

(Alza los tapices y tienta las paredes.)

¿Esta pared no es vecina
de mi casa? ¿Si han abierto
puerta por ella osadías
que se la den a mi ofensa?

Juan
Mirad que desautorizan
vuestro seso esas acciones.

Alonso
¡Ah, quién tuviera en la cinta
el acero que los años
para su agravio jubilan!
Falseó el atrevimiento
llaves que el vicio fabrica
pero mientras la experiencia
certidumbre examina,
quedaos, aleves, que yo
volveré a casa y, si Elisa
no está en ella, aunque con riesgo

de su opinión ya perdida,
lo que no pueden mis canas
será fuerza que remita
al socorro de los viejos
dando cuenta a la justicia.
La llave que aquí olvidasteis,
dejándoos presos, os quita
de la mano la ocasión
de que huyáis.

(Quita la llave de la puerta y ciérralos por de fuera y vase.)

Elisa   Coral, aprisa,
                         que es la dilación dañosa.

(Sale Coral.)

Coral   Nuestra puente levadiza
                         te asegura. ¡Alto, a pasarla!

Juan   Adiós dueño de mi vida,
                         que yo velaré entre tanto,
                         Argos el alma en mi vista
                         para socorrer desaires
                         si en ellos mi amor peligra.

(Vanse todos y sale Leonor sola.)

Leonor   Picóse mi ama en el fuego.
                         No tiene tanto temor
                         como yo.

(Sale Elisa quitándose el manto.)

Elisa	¡Leonor, Leonor! Quítame este manto luego y escóndele. ¡Acaba, pues!
Leonor	¿Viene señor?
Elisa	¡Ay de mí!
Leonor	¿Y te vio con don Juan?
Elisa	Sí. Referiréte después cosas que te den espanto. Descuidados nos cogió.
Leonor	¡Jesús! ¿Y te conoció?
Elisa	No y sí. Acaba, esconde el manto. Date prisa; que de hallarle me pierdo. Llévale.
Leonor	¿Dónde?
Elisa	En los colchones le esconde; pero no, que ha de buscarle. Échale por el balcón en la calle; mas verále mi padre que agora sale de esotra casa.
Leonor	¡Dispón qué habemos de hacer!
Elisa	Espera,

	bájale a nuestro aposento.
Leonor	Peor, que a tu padre siento subir ya por la escalera.
Elisa	En la manga.
Leonor	Mal consejo que en una comedia vi que le escondieron así y todas las oye el viejo.
Elisa	Mira, pues, que sube.
Leonor	Aguarda, verás un ardid bisoño. Metámosle en este moño.

(Destócase y quítase una jaulilla. El manto ha de ser de los que llaman de humo. Métenle doblado en la jaulilla y vuélvase Leonor a ponerla. Dentro don Alonso.)

Elisa	¡Sutil industria!
Leonor	¡Gallarda! Alíñame esos cabellos.
Elisa	¡Qué mal se reirá quien llora!
Leonor	Barzagas que le halle agora. Acaba de componerlos.
Alonso	Leonor, esa aldaba quita.
Elisa	Señor, pues ¿aquí otra vez?

(Sale don Alonso.)

Alonso   ¡Jesús, Jesús, mi vejez
                el seso me precipita!
                   ¿Por dónde pudiste entrar
                en esta pieza?

(Mira y tienta las paredes y la alcoba.)

Elisa   ¿Qué dices?
                ¿Qué buscas por los tapices?
                ¿Qué por la cama?

Alonso   Engañar
                   mis advertencias pensabas?
                ¿Qué es del manto que traías?

Elisa   ¿Manto? ¿Cuándo? ¡Desvarías!

Alonso   Cuando con don Juan estabas.

Leonor   ¡Ay desdichada de mí!
                Señor ha perdido el seso.

Elisa   ¿Yo con don Juan?

Alonso   De tu exceso,
                liviana, evidencias vi.
                   Despejad las dos las mangas.
                Manifestad faltriqueras.

(Míralas.)

Leonor (Aparte.)   (O está sin seso de veras
                   o viene a caza de gangas.)

Elisa   Padre y señor ¿qué te han dado?
                   ¡Ay, cielos, que me la han muerto!

Leonor   O caduca o ten por cierto
                   que el conde nos le ha hechizado.

Elisa   Padre mío de mis ojos,
                   ¿qué tienes?

(Hace que llora.)

Alonso   Llora y derrama
                   embustes. ¿Si está en la cama?

(Vuelve a mirar en la alcoba.)

Elisa   ¡Nunca yo te diera enojos!
                       ¿Que he de pagar tan aprisa,
                   Fortuna, tantos rigores!

Alonso   Ya yo he vuelto en mí. No llores.
                   Sosiega el pesar, Elisa.
                       Entré a buscar a tu prima.
                   Hallé a don Juan y a su lado
                   a una dama que aunque echado
                   el manto, juzgué de estima.
                       Engañóme su vestido,
                   su talle y disposición;
                   pues, dando fe a mi ilusión,
                   descortés los he ofendido.
                       Cerrados, hija, los dejo

y es fuerza el volver a abrirles.
Templarélos con pedirles
perdón. ¿Qué quieres? Soy viejo.
   Donde hay canas, hay malicias.

Elisa   ¿Qué dices?

Leonor   ¡Donoso paso!

Alonso   Si con el conde te caso,
yo te permito, en albricias
   del gusto que he de tener,
que os burléis las dos de mí.
Reposa, no estéis así
que quiere ya amanecer.
   Razón será que repares
enfados de mis extremos,
casaráste y trocaremos
en regocijos pesares.
     ¿No quieres al conde mucho?

Elisa   Mucho no, pero querréle
poco a poco.

Leonor   Amor no suele
entrar de golpe.

Alonso   Ya escucho
   que le dices mil ternezas.
Advierte que ha de venir
conmigo a las diez. A abrir
voy a don Juan. Mis simplezas
   perdona y acuéstate.

(Vase don Alonso y ciérralas.)

Elisa   Leonor, vuelve a darme el manto
y di a Coral entre tanto
que eche el puente.

(Destócase y sácase el manto y cúbrese Elisa.)

Leonor   ¿Para qué?

Elisa   El para qué es de provecho.
No hallándome con don Juan,
dime, ¿de qué servirán
los embustes que hemos hecho?

Leonor   No estaba en el caso, toma.
Llamo al patrón de la nao.
(Hacia el vestuario.)   Echa acá la barca, ¡aho!
Ya el alba el copete asoma.
Mientras el manto te pones
aprovéchete este ardid
porque celebre Madrid
mi jaulilla y sus balcones.

(Vanse las dos y sale don Juan.)

Juan   Niño Dios, no te va menos
que la honra si no sales
airosa del laberinto
donde ciego te enredaste.
Llamas traes. Serena alegre
las confusas tempestades
de tanto amoroso golfo
porque en tu trono idolatre.

(Salen Elisa con manto y Coral.)

Coral   Entra e iré a alzar la puente.
                         Serás Leandro en el aire
                         pues nadas olas de vientos
                         como el otro nadó sales.

(Vase Coral.)

Juan   Pues, mi bien ¿qué ha sucedido?

Elisa   No hay tiempo para contarte
                         prodigios. Sentémonos
(Siéntanse.)   de la misma forma que antes;
                         que vuelve mi padre a abrirnos.
                         Sabrás cosas que te espantes.

(Salen don Alonso y don Álvaro a la puerta del vestuario y vuélvense a entrar, y échase Elisa el manto quedándose asentada y levántase don Juan.)

Alonso   Don Álvaro, de este modo
                         averiguaré verdades.
                         Id agora a ver si Elisa
                         está en su cuarto. La llave
                         es ésta. Abrid con sosiego
                         que como yo aquí dentro halle
                         la encubierta y vos a mi hija,
                         creeré que pude engañarme.

Juan   ¿Ya volveréis satisfecho?

Alonso   Y corrido. Perdonadme,
                         señora, si malicioso

	di crédito a vuestro traje
	y vos, don Juan, admitid
	satisfacciones bastantes
	de un recelo que aparente
	no es mucho me deslumbrase.
(Aparte.)	(¡Vive Dios, que es imposible
	no ser ésta Elisa!)

Juan   Paren
en amistad sentimientos,
señor don Alonso, y basten
vuestras mismas experiencias
a reduciros afable,
que estimo yo el ser muy vuestro.

Alonso   En prueba de nuestras paces
con el parabién os doy
los brazos como se case
con vos aquesa señora
y aumentéis felicidades
de Elisa, esposa de Carlos,
y de don Pedro, su amante
doña Ana, huéspeda vuestra.

Juan   Es deidad Amor y sabe,
manifestando su imperio,
hacer lo difícil fácil.
Siglos dichosos se gocen.

Alonso   Mil, don Juan, el cielo os guarde
en vida de vuestro empleo.
Adiós, tomad vuestra llave.

(Dásela y vase don Juan.)

Elisa	Quédese este manto aquí;
(Quítasele.)	que si vuelve a registrarme
	mi viejo allá, es peligroso
	porque no hay donde ocultarle.
	Don Juan, a las diez espero
	más para desesperarme
	que para vivir al Conde.
	Mientras los conciertos se hacen,
	disponed de mí y de vos.
(Sale Coral.)	Vamos, Coral.

Coral   Buen viaje.

(Vanse doña Elisa y Coral.)

Juan   Ya el alba borda el oriente
                      de aljófares y corales.
                      ¡Ay, si le diesen mis dichas
                      el parabién con las aves!
                      Parece que siento voces
                      en el balcón. ¡Si su padre
                      a mi Elisa ha echado menos!
                      Libraréla aunque me maten.

(Vase y salen a un balcón Leonor y don Alonso y ha de haber dos balcones cubiertos y de uno a otro un pasadizo capaz de que en él quepan ocho personas y se puedan sacar las espadas, y están en el balcón el Conde y don Álvaro.)

Leonor   Si ella está por don Juan loca,
                      si él hace extremos de amante,
                      si entró esta noche por ella,
                      si logró el amor alardes
                      de lo que su ingenio puede

habiendo comunicables
por el viento los balcones
¿cómo pude yo estorbarle,
sola y mujer, sus ardides?

Alonso   Tú, enredadera, trazaste
estos embustes y hechizos
para que agora los pagues.
Acertaron mis sospechas,
don Álvaro, pues no hallasteis
aquí a Elisa. ¡Murió mi honra!

Conde   Para vengarla no es tarde.

Álvaro   ¡Asomaos a este balcón!
¡Veréis por él pasaje
que los embustes fabrican!

(Salen los dos al pasadizo y por la otra parte salen del otro balcón doña Elisa, en cuerpo, y Coral y detiénense en medio.)

Alonso   Conde, a vos os toca el darme
satisfacción de esta injuria.
Allí está don Juan. ¡Vengadme!

Elisa   ¡Ay, Coral! ¡En mi balcón
están el Conde y mi padre!
¡Volvámonos!

Coral   ¡Pechelingües!
¡Otra qui volta! En la calle
me holgara yo estar agora.

(De este mismo balcón sale don Juan y se llega a doña Elisa.)

Juan	Prenda mía, en este trance
	retirarnos es prudencia.
	Seguidme y no os acobarde
	el Conde ni cuantos vienen
	a ofendernos de su parte.

(Quieren volverse y detiénelos doña Ana y don Pedro que salen al otro balcón.)

Ana	¿Dama en mi casa y oculta?
	Don Pedro, de agravios tales
	venganza os piden mis penas.

Pedro	Grande es mi amor si ellas grandes.

Ana	¿Así se premian socorros,
	don Juan? ¿Así es bien se paguen
	favores de vuestros riesgos?

Pedro	¡Por ingrato y por mudable
	moriréis como Perilo
	en la invención que trazasteis!
	¡Solo hay paso por aquí!

Conde	Pues, por aquí solo se abre
	salida a un alma rebelde
	franqueándole su sangre.

(Saquen todos cuatro las espadas, a una parte el Conde y don Álvaro y a otra don Pedro y en medio don Juan y Coral.)

Coral	Pasadizo ratonera
	es el nuestro. No se llame
	sino Puente de Mantible

pues que la guardan gigantes.

Elisa   Conde ilustre y Carlos noble,
si las estrellas constantes
en sus influjos me inclinan
a que dueño a don Juan llame,
si ha dos años que le quiero,
si es justo que os desengañe
en alma tan desconformes
la aversión de voluntades,
no apetezcáis compañía
que se ha de dar muerte antes
que otro que don Juan se atreva
a que amor mi cuello enlace.
Triunfad de vos mismo, conde.
Sed cortés, pues sois amante.
Obligadme generoso
si os recele interesable.
Ilustre favor os pido.
Mi amor os invoca afable.
O libradme caballero
o si no lo sois, matadme.

Conde   Lágrimas tan elocuentes
dignas son de venerarse.
Tutela de vuestro amor
seré desde aquí adelante
como de don Juan amigo;
y si estima vuestro padre
serlo mío, como espero,
logrará felicidades
que tal yerno le prometen;
porque yo, si hasta aquí fácil
en no reprimir pasiones,

135

seré enemigo constante
de quien a don Juan ofenda.

Alonso   Vos lo mandáis. Dios lo hace.
Trázalo Amor. ¡Contra todos
un viejo y solo! ¿Qué vale?

Juan   Dejad que os bese los pies.

Conde   Añudemos voluntades
que rompieron competencias
y eternizaremos paces
si doña Ana da a don Pedro
la mano.

Ana   Sabré estimarle
por feriármela la vuestra.

Coral   Pues que se queda incasable,
señor, vuestra señoría,
créame y métase fraile.

Conde   Fenecieron con la noche
confusiones y pesares,
y con el Sol amanece
la paz que a alegrarnos sale.

Juan   Estos los ardides son
con que Amor prodigios hace.

Coral   Y ésta la primer comedia
que tiene fin en el aire.

Fin de la comedia

Libros a la carta

A la carta es un servicio especializado para
empresas,
librerías,
bibliotecas,
editoriales
y centros de enseñanza;
y permite confeccionar libros que, por su formato y concepción, sirven a los propósitos más específicos de estas instituciones.

Las empresas nos encargan ediciones personalizadas para marketing editorial o para regalos institucionales. Y los interesados solicitan, a título personal, ediciones antiguas, o no disponibles en el mercado; y las acompañan con notas y comentarios críticos.

Las ediciones tienen como apoyo un libro de estilo con todo tipo de referencias sobre los criterios de tratamiento tipográfico aplicados a nuestros libros que puede ser consultado en Linkgua-ediciones.com.

Linkgua edita por encargo diferentes versiones de una misma obra con distintos tratamientos ortotipográficos (actualizaciones de carácter divulgativo de un clásico, o versiones estrictamente fieles a la edición original de referencia).

Este servicio de ediciones a la carta le permitirá, si usted se dedica a la enseñanza, tener una forma de hacer pública su interpretación de un texto y, sobre una versión digitalizada «base», usted podrá introducir interpretaciones del texto fuente. Es un tópico que los profesores denuncien en clase los desmanes de una edición, o vayan comentando errores de interpretación de un texto y esta es una solución útil a esa necesidad del mundo académico.

Asimismo publicamos de manera sistemática, en un mismo catálogo, tesis doctorales y actas de congresos académicos, que son distribuidas a través de nuestra Web.

El servicio de «libros a la carta» funciona de dos formas.

1. Tenemos un fondo de libros digitalizados que usted puede personalizar en tiradas de al menos cinco ejemplares. Estas personalizaciones pueden ser de todo tipo: añadir notas de clase para uso de un grupo de estudiantes, introducir logos corporativos para uso con fines de marketing empresarial, etc. etc.

2. Buscamos libros descatalogados de otras editoriales y los reeditamos en tiradas cortas a petición de un cliente.

www.ingramcontent.com/pod-product-compliance
Lightning Source LLC
Chambersburg PA
CBHW051730040426
42447CB00008B/1064